大学生思想政治教育
创新研究

王国泰　王晓利　著

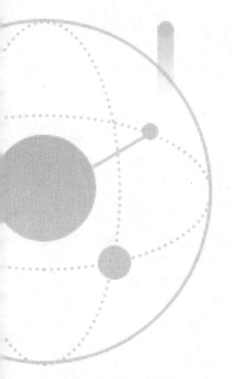

清华大学出版社
北京

内 容 简 介

21世纪以来，以数字化、网络化技术为依托的新媒体呈现快速发展的态势。大学生思想政治教育创新发展既是深化思想政治教育学科体系和实践活动的必要之举，也是加强意识形态教育和提升大学生主体素质的必然要求。本书首先概述了大学生思想政治教育创新的基本概念，其次对大学生思想政治教育现状进行了简要分析，最后从理念、方法、内容、机制等方面全方位阐述了大学生思想政治教育的创新发展。

对大学生思想政治教育而言，能否有效将方法与技术实现紧密结合是必须要思考的问题。对思想政治教育工作者而言，能够适应新媒体时代的发展，并在教育过程中充分利用新媒体技术，也是亟待改进的工作内容。

本书适合作为大学生思想政治教育的教学用书或参考资料，也可以作为相关人员的自学用书。

本书封面贴有清华大学出版社防伪标签，无标签者不得销售。
版权所有，侵权必究。举报：010-62782989，beiqinquan@tup.tsinghua.edu.cn。

图书在版编目（CIP）数据

大学生思想政治教育创新研究 / 王国泰，王晓利著．
北京：清华大学出版社，2024.9. -- ISBN 978-7-302-67004-9
Ⅰ. G641
中国国家版本馆 CIP 数据核字第 2024AU2912 号

责任编辑：张龙卿
封面设计：刘代书　陈昊靓
责任校对：刘　静
责任印制：刘　菲

出版发行：清华大学出版社
网　　址：https://www.tup.com.cn, https://www.wqxuetang.com
地　　址：北京清华大学学研大厦 A 座　　邮　编：100084
社 总 机：010-83470000　　邮　购：010-62786544
投稿与读者服务：010-62776969，c-service@tup.tsinghua.edu.cn
质量反馈：010-62772015，zhiliang@tup.tsinghua.edu.cn
印 装 者：三河市铭诚印务有限公司
经　　销：全国新华书店
开　　本：185mm×260mm　　印　张：9.5　　字　数：224千字
版　　次：2024年9月第1版　　印　次：2024年9月第1次印刷
定　　价：45.00元

产品编号：103838-01

前　言

新形势下,我国大学生思想政治教育面临日趋严峻的发展挑战。面对多元的文化与激荡的观念,既要看到思想政治教育在国家发展、社会进步、大学生个人成长中的重要作用,又要对思想政治教育工作目标计划、有效路径、创新模式进行与时俱进的探索。大学生是民族的希望和祖国的未来,其思想政治素质如何,将关系到中国特色社会主义能否顺利推进。

在新的历史定位下,大学生思想政治教育呈现出新的时代特征,而大学生是思想政治教育的主体对象,他们的思想观念和价值观日趋成熟。新时代特征对高校思想政治教育提出了新的要求和任务,既为高校思想政治教育提供了新的机会,又不可避免地给高校思想政治教育带来新问题和新挑战。本书将从大学生思想政治教育创新概述、现状以及理念、方法、内容、机制等方面着重强调大学生思想政治教育创新的相关问题,重在梳理大学生思想政治多方面的创新举措。

当今世界正经历着百年未有之大变局,不仅国外的变化日新月异,而且国内也在不断变化发展之中,因此,大学生的思想政治教育要把握好新时代发展要求,应时代之需,勇于创新,明确指导理念,改进教育工作方法,不断丰富高校大学生思想政治教育的内容,完善相关的工作机制,才能使大学生思想政治教育工作取得更好的教育效果。因此,研究大学生思想政治教育,在新时代的发展、创新过程中具有重要的理论意义和现实价值。

本书由王国泰和王晓利著,徐千惠、王婧姣、李晓庆、陈博萱也参与了编写工作。

本书将当前的时代背景同大学生思想政治教育紧密联系,深入讨论了大学生如今的使命,指出大学生思想政治教育现有的问题,以便更好地引导大学生思想政治教育工作的开展和推进,从而更好地完成大学生思想政治教育建设,让其同新时代相适应,同我国大学生的现状及能力相适应。

著　者

2024 年 4 月

目 录

第一章　大学生思想政治教育创新概述 ... 1
第一节　大学生思想政治教育的内涵 ... 1
第二节　大学生思想政治教育的理论基础 ... 6
第三节　大学生思想政治教育的新要求 ... 13
第四节　大学生思想政治教育创新的必要性与意义 ... 19

第二章　大学生思想政治教育现状分析 ... 23
第一节　大学生思想政治教育主要矛盾生成的因素 ... 23
第二节　大学生思想政治教育面临的现实问题及挑战 ... 29
第三节　大学生思想政治教育面临的新机遇 ... 44
第四节　大学生思想政治教育的难点及重点问题解析 ... 46

第三章　大学生思想政治教育的理念创新 ... 58
第一节　大学生思想政治教育理念创新概述 ... 58
第二节　"立德树人"理念在大学生思想政治教育中的创新 ... 61
第三节　"以人为本"理念在大学生思想政治教育中的创新 ... 67

第四章　大学生思想政治教育的方法创新 ... 78
第一节　大学生思想政治教育方法创新的遵循原则和认知概念 ... 78
第二节　大学生思想政治教育方法创新的具体内容和实现途径 ... 90

第五章　大学生思想政治教育的课程创新 ... 95
第一节　大学生思想政治教育课程创新的依据和重要性 ... 95
第二节　大学生思想政治教育课程创新的理论基础 ... 99
第三节　大学生思想政治教育课程创新的对策 ... 102

第六章 大学生思想政治教育的内容创新 ································· 109
第一节 大学生思想政治教育内容创新的意义与思路 ················ 109
第二节 大学生思想政治教育内容创新的现状 ·························· 114
第三节 大学生思想政治教育内容创新的对策 ·························· 120

第七章 大学生思想政治教育的机制创新 ································· 129
第一节 大学生思想政治教育的机制概述 ································ 129
第二节 大学生思想政治教育的合力育人机制构建 ·················· 136
第三节 互联网思维与大学生思想政治教育机制创新 ··············· 138

参考文献 ·· 143

第一章　大学生思想政治教育创新概述

第一节　大学生思想政治教育的内涵

一、思想政治教育的内涵

思想政治教育（简称思政教育）的内涵可以从多个角度、多个层面来进行深入探讨和研究。在整理有关文献后，本书列举了较为广泛认可且有代表性的观点，将其归纳为施加论、内化论、需要论。

从施加论的角度来看，思想政治教育是指一个社会群体按照自身约定俗成的思想、道德、政治观念，对社会成员有目的、有计划、有组织地进行教育，使之成为符合社会和群体需要及期望的人才的一种教育实践。另外，施加论主张思想政治教育在任何阶级和社会思想中都是客观存在的，具体活动名称可能存在差异，这是由不同的社会制度来决定的。施加论从本质、主体关系、内容和目的等方面对大学生思想政治教育进行了阐释，但也存在着一定的弊端：施加论只是外部施加，过于注重思想政治教育的社会意义，忽视了思想政治教育中个人价值的体现，忽略了学生的主体性需要。

从内化论的角度看，思想政治教育是一种教育实践，即教育工作者依据其自身的需要，通过某种教学行为，将其思想、道德和政治观念内化到受教育者思想之中。内化论相对于施加论来说，它更加注重受教育者的认同，体现了受教育者的主体性和主动性。内化论虽然改进了思想政治教育的定义，但本质上仍然是教育家将思想政治教育内容机械地内化，并没有强调它是受教育者的自觉内化。

在需要论的观点中，思想政治教育是教育工作者和受教育者根据自己的发展需求和社会的发展需要，结合各个时代的思想、道德和政治观念来促进个体发展的重要方法。需要论不同于施加论和内化论，它指出思想政治教育既是为了满足人类社会发展的需要，也是为了满足教育者和受教育者的个人需要，较为准确地指出了思想政治教育的内涵。需要论在施加论、内化论相关阐述的基础上进一步完善与发展。

思想政治教育是一种内外兼修的教学实务，它不仅要重视外在的实施，更要重视学生的内心感受与经验，而且要适应社会和经济的发展，才能使思想政治教育得到发展。学术界对思想政治教育的定义也在持续地突破着陈旧的观念，并使之逐渐趋于完善。思想政治教育这一概念的表达也因此变得逐步标准化，即它是一种能够同时兼顾受教育者主观能动性和主体性的教学实践。

二、大学生思想政治教育概述

大学生思想政治教育工作是以大学生为教育对象的思想政治教育活动,遵循大学生思想道德形成和发展的规律,依据国家的理论、路线、方针、政策对大学生进行思想政治教育,教育的目的是把大学生培养成具有中国特色社会主义的合格建设者和继承者。高校思想政治教育工作的内容包括以下方面。

第一,在教育的性质方面,其自身的思想观念特征使其成为中国特色社会主义的基础。高校思想政治理论课的内容主要包括马克思主义世界观、人生观、价值观和中国特色社会主义学说等。

第二,在教育的目标方面,要让大学生的思想品德、政治信念、共产主义理想、科学文化素养、心理素质健康、生态文明和谐观念等方面全面发展,把大学生培养成中国特色社会主义的接班人。

第三,在教育的内容方面,当前党和国家处于新的历史时期,要不断地充实思想政治教育的内涵和内容。对大学生思想政治教育而言,尤其要注重培养及塑造大学生的主人翁意识、人民公仆意识、生命意识、人权意识、法治意识、民族责任意识、爱国主义意识、感恩意识、诚信品质、互联网道德、生态文明意识等诸多方面。

三、大学生思想政治教育的特征

人的身心发展都遵循着某种客观规律。从小学到大学,每个人都在接受着一系列的思想政治教育,而对于各个年龄段的学生来说,思想政治教育表现出了一定的阶段性特征。在小学阶段,学生的思想政治教育主要是通过对学生的道德行为进行培养,以提高他们的爱心、自信心和社会责任,提高他们的自我保护能力;到了初中阶段,初中生的思想政治教育内容上升到了德育和法律层面,在教学方法和手段上也从"教书育人"的培养型向"理论型"逐渐转移,所涉及的道德领域更加广泛;在高中阶段,思想政治教育主要面向 16~18 岁的"准成年人""初成年人",教学内容包括经济、政治、文化、哲学等方面,这是因为该阶段学生的心理发育逐步成熟,同时也是一支"预备大学生",因此,高中生必须掌握一些有深度的学问,以便将来顺利步入大学乃至步入社会;进入高校后,大学生的思想政治教育工作在内涵、方式、方法上都有了新的转变,具体说明如下。

第一,具有教学中的"学风互动"特征,即理论与实践相联合的特点。大学生与初等教育阶段的学生不同,他们的生理年龄普遍超过 18 周岁,属于法定意义上的成年人,具有承担其自身行为责任的能力。然而,现实生活中,部分大学生的思想年龄仍处在不太成熟阶段,突出的表现是自我意识突出。这一心态也体现在了教育上,它表现在学生们不会再完全信任老师传授的观念,而是会对这个社会的是非黑白做出自己的评判和认识,如果要让一个学生去接受一个观念,仅仅通过说教是不行的,而且说教式教学更容易事与愿违。在大学课堂的教学中,应注意把理论与实际活动有机地联系起来,以感官刺激和亲身体验来吸引和引导他们学习思想政治的相关理论。

第二，注重个性发展特征。高校给予了学生更大的自由，他们不再有中考、高考的应试负担，这让他们的个性得以解放，但也暴露出更多问题。在过去的学习阶段里，学生由于学业上的巨大压力而导致的一些心理上或者个性上的缺点会在一定程度上被高校的自由环境激发出来。因此，高校教师要多了解学生的价值观念，注重他们的个性发展特征，掌握思想政治教育过程中的主动权。

第三，与其他专业存在较明显的互动关系。高校立校之本在于立德树人。大学思想政治教育的目标是对学生进行思想、政治引导，与此同时，高校的思想政治教育工作也需要与其他专业形成互动。把立德树人与职业能力有机地联系起来，使大学生在教育实践中形成一个立体的、有机的思想政治观念体系，确保高校为国家培养出优秀的建设者和继承者。

研究事物外在直观鲜明特征是揭示事物发展内在规律的必然要求。在一定程度上，外在创新特征的呈现是人们在遵循内在客观规律的前提下，对实践对象进行改进或创造，以满足社会需求和人们发展需要的必然结果和鲜明征象。以习近平同志为核心的党中央把高校思想政治教育摆在突出战略位置，做出系列重大决策部署，高校思想政治教育发生了格局性变化，取得了历史性成就，在"遵循思想政治工作规律，遵循教书育人规律，遵循学生成长规律，不断提高工作能力和水平"的实践中呈现出若干鲜明的创新特征。因而，研究高校思想政治教育若干的创新特征，有必要从不同维度揭示其特有征象和鲜明标志。

（一）以"以德育人"为创新根本

立德树人是以中国教育为根本立足点，是中国特色社会主义大学建设的基础，因此，大学生思想政治教育的目标也应该是坚持立德树人，把思想工作融入教育教学实践活动中，不断开辟新的时代。"立德"是高校思想政治工作的首要条件，以"树人"为终极目标，以明大德、守公德、严私德为导向，努力培育具有民族复兴使命的新生代人才。尤其要坚持以"立德树人"为中心，牢牢把握人民群众的基本需要，强化意识形态和价值观引导，用好思想政治理论课主渠道和思想政治教育主阵地，致力于培养以实现中华民族伟大复兴为己任，具备高尚品德，掌握科学知识，练就过硬本领，走在时代前列的奋进者、开拓者和奉献者。以正确的思想政治理论为武器，夯实创新基础。以科学理论武装大学生的头脑与思维，引导他们正确把握马克思主义、毛泽东思想、中国特色社会主义等的丰富内涵、精神实质和现实需要，并将其内化为坚定的政治信仰、高尚的理想信念、高度的理论自觉和文化自信、先进的思维方法和规范的行为标准。

思想政治教育教学的进程，既有老师的教导，也有学生的学习，这并不是一个单一的讲授过程，而是一个双向的交互过程。在大学生的价值观念培养中，通过有目的、有计划、有组织的教学，培养学生的道德素养。在过去的育人工作中，高校大都把德育工作交给了高校的思想政治理论教学的教师，而这些内容的教学工作往往集中在大学一二年级，从而造成育人工作出现断层、育人体系保守封闭的现象。思想政治教育课程的构建应注重教育的连续性、不间断性，即从入学到毕业期间，教师要把立德树人的初衷和教学任务相联系，结合所授课程的特点对学生予以价值观引导，保证思想政治教育工作是连续的、不间断的。高校思想政治教育工作渗透到育人的整个进程中,由于各个学科的特点和育人逻辑的差异,教学目标、功能、资源和策略的侧重点也不尽相同,因此,专业课程发挥育人功能是将思政工作贯穿育人全过程的关键所在,高校是否能够真正地把思想政治教育的这一关键问题处理好,直接关系到思政教育是否能够取得良好的效果。

高校思想政治教育进行了系列创造性探索,以组织理论宣讲培训、编写出版读物、评选打造示范课堂、开设"习近平新时代中国特色社会主义思想概论"必修课程等方式,全面推进习近平新时代中国特色社会主义思想进教材、进课堂、进师生头脑。在此过程中,贯彻落实《新时代爱国主义教育实施纲要》,制定体现社会主义核心价值观要求的行为规范等,以此措施强化创新发展的根基,用科学的、民主的、实践的、开放发展的马克思主义及其中国化理论成果武装青年大学生,教育、引导他们"坚持中国共产党领导,同人民一道,为实现'两个一百年'奋斗目标、实现中华民族伟大复兴的中国梦而奋斗"。

尤其要指出,新时期以来,应把优秀文化的基因发扬光大,在中国的土地上办大学,探索出一条建设具有中国特色的世界一流大学的新路子;坚持"两个确立",坚持"两个维护",强化"四个意识",坚定"四个自信",把习近平新时代中国特色社会主义思想和习近平重要讲话、回信、指示、批示精神等方面全面贯彻落实,在思想意识、政治觉悟、实践行动上积极主动地开展工作,在思想意识、政治觉悟、实际行动上同以习近平同志为核心的党中央保持高度统一,把习近平的重要讲话、指示、批示精神等方面贯彻落实;在创造性转化政治优势、创新性探索宝贵的实践活动经验中,把思想政治教育和社会现象结合起来,把发现思想问题和解决思想问题相贯通,让广泛覆盖和分类指导相协调,不断提高思想政治教育工作科学化水平,推动高校思想政治教育朝着创新的进程顺利迈进。

(二)以主题教育为创新基础

历史有力证明,重视高校思想政治教育是中国共产党治国理政的政治优势和重要方式,扎实推进主题教育是高校思想政治教育根据形势任务与时代需要进行理论教育和政治宣传的有效途径和宝贵经验。高校思想政治教育贯彻"为党育人、为国育才"的总体要求,先后组织开展多项主题鲜明的教育实践活动,呈现出夯实原点、打牢根基的创新鲜明特征。

1. 突出主题教育时代主题

处于人生"拔节孕穗期"的青年大学生普遍具有活跃的思维、逐步健全的心智和积极向上的精神状态,亟须精心引导、悉心栽培。尤其是,新时代中国青年生逢中华民族发展的最好时期,拥有更优越的发展环境、更广阔的成长空间,面临着建功立业的难得人生际遇。坚持理论教育及办好思政课是授大学生以正确思想并引导他们走正路的重要路径。高校思想政治教育向青年大学生"灌输"马克思主义科学真理、无产阶级政党先进理论以及中国共产党在不同时期的大政方针的政治优势并不断发扬光大,在"大水漫灌"基础上因人而异地推进"精准滴灌",使理论教育渗透到广大学生思想需求及发展期待之中,取得了教育引导的丰硕成果。

2. 拓展主题教育有效途径

"道不可坐论,德不能空谈。"于实处用力,在知行统一上用功,是思想理论内化于心、外化于行的必要途径。正如习近平强调:"希望广大青年用脚步丈量祖国大地,用眼睛发现中国精神,用耳朵倾听人民呼声,用内心感应时代脉搏,把对祖国血浓于水、与人民同呼吸共命运的情感贯穿学业全过程、融汇在事业追求中。"

高校思想政治教育高度重视主题教育实践途径的有效拓展,高站位谋划,全景式布局,确保主题教育活动的丰富有效。比如,在活动设计上,同中华人民共和国成立70周年、中国共产党成立100周年等重大时间节点、重要现实主题相结合,创新性设计"请党放心、强国有我"等活动方案,教育并引导青年学生与时代同频、与祖国共荣。又如,在活动实施中,利用开学典礼、毕业典礼、主题党团日等契机,强调集体学习与自我教育的有机统一,组织专题培训、座谈研讨、理论征文、知识竞赛、开设网上微课堂等教育,引导青年学生在亲身考察、现场感悟、投身实践的过程中"用学深悟透促力行,以踔厉笃行悟真知"。通过系列主题教育,习近平新时代中国特色社会主义思想进入校园,融入课堂,深入人心,社会主义核心价值观培育践行落细、落小、落实,爱国主义教育、集体主义教育、社会主义教育持续加强,党史、新中国史、改革开放史、社会主义发展史教育全面推进,以伟大建党精神为源头的中国共产党人的精神谱系达成认知,广大青年大学生在实践中品悟真理真知,于生活中规范言行举止,增强了为党分忧、为国奉献、为民造福的历史使命感和社会责任感,激发了用青春之我建设美丽之中国的干劲,使主题教育的既定目标得以实现。

(三)以教育队伍建设为创新关键

从一般层面解析关键,意味着揭示事物存在中最关键的部分,找到事物发展起决定性作用的因素。同理,做好高校思想政治教育离不开明确工作中起决定性作用的因素。如果没有一支数量充足、德才兼备的干部队伍力量,就等于缺乏最关键的条件,高校思想政治教育工作将较难开展。高校高度重视队伍建设,多措并举,致力于加强思想政治教育教师队伍和专门力量建设,形成一支数量充沛、素质优良,专职为主、专兼结合的工作力量,彰显出配齐建强、确保实效的思想政治教育创新特征。

1. 加大思政课教师队伍建设力度

思政课教师肩负着高校思想政治教育的重要使命,承担着高校思政课教育教学和研究职责,是高校教师队伍中开展马克思主义理论教育的中坚力量,也是坚守我国意识形态建设前沿阵地的可靠卫士。高校根据思政课教师工作职责、岗位要求,制定任职资格标准和选聘办法,拓展选拔视野,实行思政课特聘教师、兼职教师制度;加强区域内柔性流动、协同机制建设以及推动思政课教师队伍后备人才培养,思政课教师队伍建设取得突出成绩。

2. 建强以辅导员为骨干的党务工作队伍

高校党务工作队伍中主要包括党员干部、共青团干部、辅导员、组织员等。在大学生思想政治教育工作中,他们主要担负着思想政治教育和价值导向、党团班级建设、学风建设、日常管理、校园思想政治教育、校园危机事件处理、心理健康教育与咨询工作、指导职业规划与就业创业等工作职责,是高等学校日常思想政治教育和管理服务工作的组织者、实施者、指导者,亦是高校党务工作队伍的骨干力量。大学生党建工作的核心是以辅导员为骨干的工作队伍,在推动党的创新理论进课堂、进头脑,培养德才兼备的时代新人,汇聚风清气正的校园正能量等方面发挥着不可取代的作用。对高校而言,要坚持"专兼结合"的方针,积极选拔各类党政机关、科研院所、军队、企事业单位的党员领导干部、专家学者等担任校外辅导员,进一步加强队伍建设。

(四)以协同联动为主要环节

大学生的思想政治教育工作是一项综合性的实践活动,它既包括学校内部各主体、各要素、各环节之间的分工合作,又包括学校与全社会系统的联动、协同和相互合作。然而,由于思想观念、体制机制、职权职能等诸多原因,使得协同创新的成效并不尽如人意,在很大程度上存在制度、管理、文化"孤岛"等问题,高校存在着比较突出的育人创新氛围不浓、思想政治教育资源分散、思想政治教育环节衔接度低等问题,削弱了高校教育教学体制应有的合力育人氛围。

高校教师教书与育人之间、思想政治理论课与其他课程之间、思政课教师与其他课程教师之间的"隔离"现象仍然有不同程度的存在,思想政治教育在很多时候成了思政课教师和思政课的"独角戏"。部分专业课教师由于受到"去政治化""历史虚无主义"等错误思潮的影响,对思想政治教育有一定的抵触情绪,在某些课程、课堂上讲授的部分观点对主流意识形态有一定的稀释、消解作用,同时,这一情况也会导致思想政治教育工作的育人效果减弱。部分学生在不良观念的影响下偏离了社会主义核心价值观,甚至走上违法犯罪的道路,这一现象引起了人们的普遍关注与思考。

新时期的高校学生担负着重要的历史任务和时代重任,是实现国家振兴的重要力量。在互联网和信息化时代,高校学生的学习和生活环境正在发生着巨大的变革。随着网络的普及和信息化网络技术的飞速发展,他们的思维方式也变得更加开放、多元,如果继续一味地沿用以往的教学方式,显然已经不合适了。大学生思想政治教育需要克服"单打独斗"的思维定式,进一步加强协同创新,促进主体协调、要素联动和资源整合,构建"合力共育"方式和机制,推进大学生思想政治教育协同创新不断发展。

第二节 大学生思想政治教育的理论基础

一、马克思主义关于人的全面发展理论

社会主义和谐建设是推动中国特色社会主义的必然要求,也是促进人的全面发展的必然要求。推进人的全面发展是中国特色社会主义事业的根本目标。马克思和恩格斯在《德意志意识形态》一书中就曾提过人类的全面发展思想。马克思和恩格斯从历史上对人的全

面发展进行了探讨。个体的全面并不在于他所想象的全面,而在于其实际与思想的联系。马克思的"人的全面综合发展"是人各能力的和谐发展,它包含了对自身、自然和社会的认知能力和改造能力。人的全面发展指的是:人类主体能力的持续提高与发展,表现为积极地对自然与社会进行创新实践活动之中所蕴含的一种理性的社会责任;人与自然、社会和谐发展是人与自然、社会相互促进、共同发展的过程。我国社会主要矛盾的转变,也是为了让人民得到更好更全面的发展。

二、以人为本的理论基础

(一)马克思主义以人为本理论

1. 马克思主义以人为本的内涵

马克思主义的以人为本思想是建立在唯物史观基础上,既体现了人与世界的统一,又体现了人与人的统一。这种统一要求必须把人看作是社会、历史的前提和基础,确认人是推动社会历史前进的决定性力量,一切从人出发,社会要充分反映人的利益、愿望和要求,树立一切依靠人和人民群众的思想[1]。马克思主义的以人为本思想是具有较强实践意义的唯物主义观点,对于我们科学理解"以人为本"的本体论意义指明了正确的道路。马克思主义的以人为本思想实现了科学理性与自然理性的有机结合,有效解决了人与自然的关系问题,从而深刻诠释出马克思主义的以人为本思想对"人的全面发展"这一终极目标的追求与探索。马克思主义的以人为本思想中的"本"就是本体论意义上的"本",是以"人的全面发展"为思考问题、处理问题的出发点。

2. 马克思主义以人为本的特点

"马克思作为科学共产主义的奠基人,把人的自由和全面发展视为自己学说的终极使命,从而超越了人与人之间的平等关系,是在更高境界上向人类本质的回归"[2],其以人为本的特点主要表现如下。

第一,实践范畴使其更具有本体论意义。传统本体论脱离实践而谈论世界的本源,这种落后而错误的思维方式必然无法实现对世界的完满解释。马克思主义以脱离抽象还原自然的新角度看待一般本体论问题,人们在实践中认识实际规律的客观存在,尊重并利用客观规律的人就会成为实践的主人,成为世界之本。

第二,以人为本解决人与自然的关系问题。人的主观能动性使其成为自然世界、客观规律的探索者和利用者,人们在认识、掌握规律中积极改造周围的环境,使其最大限度地适合自身居住和发展,自然影响着人,人也在认识、改造自然,人们顺应和利用规律就会和自然和谐相处。

第三,以人为本体现出全面发展理论。马克思主义认为人是历史的创造者,也是社会进

---

[1] 潘宁.马克思"以人为本"思想探析[J].广西师范大学学报(哲学社会科学版),2008(2):6-9.
[2] 张奎良.马克思视域中的以人为本[J].马克思主义与现实,2004(3):4-11.

步的推动者。当社会、经济等外围因素快速发展的时候，人自然也会顺应时代的进步而全面发展，生产力提高和经济发展是无休无止的，人的发展也是无穷无尽的，人与自然发展之间是互为前提和基础的。

（二）西方先进文化中的人本主义传统

西方人本主义的发展史基本可以分为古希腊哲人的人本主义思想、费尔巴哈人本主义哲学以及杜威的人本主义思想三个阶段。

1. 古希腊哲人的人本主义思想

古希腊的哲人在探究人与自然之间关系的过程中，把人看作自然的一部分，并认为人与神一起生活在自然环境中。虽然古希腊哲人在思想中还存有较强的迷信色彩，但是他们把人作为自然中的组成元素，并认为人与自然界是相互依存、相互独立的关系体，人本主义思想由此产生。随着公元前5世纪古希腊的繁荣，人本主义思想逐步走向成熟。

2. 费尔巴哈人本主义哲学

唯物主义哲学家费尔巴哈是德国资产阶级民主派的主要代表，其人本主义哲学起源于当时资本主义的发展。当时黑格尔的唯心主义哲学呈现出明显的滞后性，无法满足资产阶级进行斗争的要求，从而使唯物主义代替唯心主义成为必然。费尔巴哈人本主义强调以人和自然两位元素作为其哲学思想中的最高研究对象，而且自然环境自身具有很强的规律性和必然性，是人的生活基础；人来源于自然环境，与自然具有不可分割性；人以自身的角度去观察和认识自然，具有一定的主观性和创造性。因而，费尔巴哈人本主义哲学逐渐成为资产阶级与宗教神学进行斗争的思想武器，深刻揭示出人与自然的关系，使人本主义思想深入人心。

3. 杜威的人本主义思想

"以人为本"是支撑杜威教育教学理论的强有力基石。教育家杜威在教育目标、教育过程、教育价值以及教育范畴等方面积极探究人的主观能动性，体现出明显的人本主义思想，强调尊敬学习者的生命尊严、认知能力和发展潜能，主张为学习者构建互帮互助、共同学习、共同提高的交流与沟通平台，发挥学习者的认知积极性、主动性和创造性，真正让学习者成为课堂的主人、认知的主人。杜威认为教育的目的就是实现人的素质发展和能力提升，这种目的是师生作为教学角色而"内定"的，而不是外界强加的。杜威的思想为以人为本在大学教育中的应用提供了有力的理论和实践基础。

（三）中国教育思想中的人本精神

以人为本、以民为本等思想在我国历史长河中早有记载，许多作者在这方面都做了积极探索，可以概括为以下几个方面。

1. 古代教育思想：孔子的人本教育思想

我国古代大教育家孔子继承和发扬上古时期就有的民本思想，以仁政为民作为基本政治思想,以博爱友爱为德育内容,以爱民富民为经济目标,以全面教育为教育主张。孔子的人本教育思想继承和发扬殷商的民本思想,也对后世儒家思想的发展方向奠定了坚实的思想基础。孔子在当时就主张因材施教,根据学生的资质、兴趣为教学信息,提高自身教育教学行为的实效性,而不看重学生的阶级成分和贫富贵贱,从而具有强烈的人文主义色彩。孔子还积极实行平等教育,无论学生的出身高低贵贱,都可以平等地成为其徒弟。教育家孔子上奏天子的"学而优则仕"建议也能够激发最大范围学习者的认知积极性和发展主动性,从而使统治者获得坚实的群众基础,也使普通人能够与达官贵族获得同等的发展机会,这种思想也体现出人本主义思想。在当今时代的大学教育中,"因材施教"等具有人本教育思想的理论仍然具有较高的实践作用。

2. 近现代教育思想:蔡元培的人本教育思想

蔡元培不仅是历史上非常著名的革命家,还是一位献身教学、建树颇多的教育家,蔡元培一生中锐意创新、大胆实践、敢为人先,并将自己的教育教学实践上升为许多经典的教学理论,直接促进了我国近代学校教育的大发展。蔡元培以人为本的教育思想主要表现在五育教育、女性教育、平民教育和教育独立等方面,表现出蔡元培对受教育群体的认识与拓展。另外,蔡元培"自由思想,兼容并包"的办学理念对于解决学生认知、释放课堂活力、提高课堂效果、实现学生全面发展具有非常积极的现实意义。

3. 当代中国以人为本的理念

开始于 1999 年以素质教育为主导思想的第八次新课程改革,有力拓展出解放学生手、眼、脑,交还学生话语权,实现教学人性化的新天地,更加凸显出以人为本、以生为本的先进教育教学理念。"以人为本"教育理念为我国教育提出了办学、治学的基本方针,强化了"以学生全面发展为本"的教育理念,有效促进了学校教育事业的科学发展。

三、习近平关于社会主义文化建设的论述

习近平主席在联合国教科文组织总部的演讲中提到:"没有文明的继承和发展,没有文化的弘扬和繁荣,就没有中国梦的实现。"[1] 文化的弘扬和繁荣是实现中国梦的精神支撑,是当下中国全面建成小康社会的需要,也是维系国家统一和民族团结的精神纽带。"坚定中国特色社会主义道路自信、理论自信、制度自信,说到底是要坚定文化自信。"[2] 坚定文化自信及推动人的全面发展是相辅相成、相互促进的,共同促进中国特色社会主义伟大事业的实现。

"文化自信是更基础、更广泛、更深厚的自信,是更基本、更深沉、更持久的力量。"[3] 我们要树立民族文化自信心,是因为中华优秀的传统文明扎根于数千年的文化沃土之中,是用有中国特色的、先进的、科学的理论来指导实践。我国的整体实力和国际地位都得到了很大

---

[1] 习近平. 在联合国教科文组织总部的演讲[N]. 人民日报,2014-3-28.
[2] 习近平. 在哲学社会科学工作座谈会上的讲话[M]. 北京:人民出版社,2016.
[3] 中共中央宣传部. 习近平新时代中国特色社会主义思想三十讲[M]. 北京:学习出版社,2018:194.

的提高，人民在生活中的幸福感和爱国程度也得到了很大的提升。把中国特色社会主义文化建设融入大学生的"文化自信"之中，有利于大学生对"文化"的定位和功能的认识，对加强学生学习中国特色社会主义文化具有推动作用，对提高全民素质及推进社会主义事业发展具有重要意义。

四、思想政治教育内容理论

从思想政治教育学科设置之初，其内容理论就已经逐渐成形并逐步完善，逐渐发展出一套自成体系的学说。马克思主义的辩证唯物论认为，任何事物随时都在发生着变化和发展。同样，高校学生的思想政治教育也需要不断地适应和改进，要不断匹配我国国情、党和国家的发展要求、受教育者的发展规律和特征。在高校学生的思想政治教育工作中不断丰富教育内容，可以为国家事业建设培养出满足社会和时代要求的新人。

五、大学生发展理论

大学生发展理论是人的发展理论在高等教育中的延伸，研究视域涵盖大学生的心理发展、情感发展、态度发展、智力发展、伦理道德发展等，强调学生大学期间的发展具有不平衡性、阶段性和个别差异性等特征。对于本书而言，大学生发展理论流派中的大学生发展环境理论、社会心理理论有着重要的借鉴意义，在此进行重点描述。

（一）大学生发展环境理论

大学生发展环境理论关注的是大学生成长发展与高校环境的内在关系。加州大学洛杉矶分校阿斯汀教授（Alexander W.Astin）的 I-E-O（input-environment-outcome，大学影响模型）具有一定的代表性。I-E-O 模型指出："高等教育的'输出'或'效果'是'输入'（学生的特点和经历）与'环境'（学校的学术氛围、社会交往等）相互作用的结果。"具体而言，输入要素包括人口统计学信息、教育背景、政治倾向、家庭结构等。环境要素是指学生进入大学后所接触的精神、制度、文化人员等，输出要素是指学生的知识、技能、态度、信念、价值、行为与人格等（表1-1）。

遵循 I-E-O 理论的基本思路，高校需要积极为学生创造无缝衔接的、具有一定挑战性的教育环境，增加学生的学习投入，提高学生的学习获得感。具体包括：一是研究和掌握学生的基本信息，研究分析学生的人口学特征、自我效能感、经济状况等个人因素，掌握学生个性化的发展需求和期待；二是以师生互动为切入点，促使学生不断增加学习期间的互动情况、时间精力分配情况、学习氛围感知情况等，进一步提高学生的学习主动性；三是营造支持性的校园环境，具体而言，就是要改善组织机构（如改善教学管理人员数量和专业化水平，增加校内兼职机会，完善奖、助学金政策）、空间布局（如增加生活休闲设施，改善空间设计）、教育内容（如及时更新教育素材，增加课外活动数量）等学校环境因素；四是构建跨学科的同伴互动互助平台，提高学生的学业成绩、积极参与意识、教育满意度和保留率等，促进学生的个性化、多样化发展。

表 1-1　阿斯汀 I-E-O 模型的具体含义[1]

输入（input）	环境（environment）	产出（output）
（1）人口统计学信息 （2）教育背景 （3）政治倾向 （4）择校原因 （5）经济状况 （6）残疾状况 （7）专业 （8）上大学的原因等	（1）教育活动 （2）行政人员 （3）课程体系 （4）指导教师 （5）硬件设施 （6）学习氛围 （7）课程 （8）教师的教学风格 （9）朋友 （10）室友 （11）课外活动 （12）学生所加入的团队等	（1）认知收获 （2）高层次心理活动 （3）情感收获，包括感觉、态度、价值观、信仰、自我概念、抱负、人际关系等

（二）社会心理理论

社会心理理论关注的是大学生个体的成长发展，认为大学生的成长是在一系列阶段过程中通过充分与他人、团体的互动来实现学生在不同情景下自我体验、自我了解的发展过程。

美国心理学家埃里克·H.埃里克森（Erik Hombuxger Erikson）的社会心理发展理论是这一研究领域的奠基人。该理论认为，社会文化背景影响学生的人格发展，自我在人格发展中的作用是建立自我认同感和满足人控制环境的需要，并把自我意识的形成和发展过程划分为八个阶段。这八个阶段的顺序是由遗传决定的，每一阶段能否顺利度过却是由当下的发展环境决定的。这八个阶段主要包括婴儿期（0～2岁）基本信任和不信任的心理冲突、儿童期（2～4岁）自主与害羞和怀疑的冲突、学龄初期（4～7岁）主动对内疚的冲突、学龄期（7～12岁）勤奋对自卑的冲突、青春期（12～18岁）自我同一性和角色混乱的冲突、成年早期（18～25岁）亲密对孤独的冲突、成年期（25～50岁）生育对自我专注的冲突、成熟期（50岁以上）自我调整与绝望期的冲突。[2] 由此来看，大学生处于成年早期，在这一阶段要更加注重在社会交往中建立良好人际关系，促进大学生的社会化发展。

大学生发展七向量理论是由阿瑟·奇克林（Arthur Chickering）于 1965 年在《教育与人格》中首次提出。七向量理论（seven vectors of student development）包括能力培养、情绪管理、自我独立、成熟人际关系、确立同一性、确立成长目标、自我完善，它是美国社会心理学派中影响最大的大学生发展理论。奇克林认为，大学生发展的七个向量之间并不是严格的单方向发展关系，不总是从一个向量直接发展到另一个向量，而是彼此之间交叉反复、螺旋上升。他指出教育环境对这一过程会产生强有力的影响。奇克林等人通过梳理、归纳

---

[1] Astin A W.Student Involvement：A Developmental Theory for Higher Education[J].Journal of College StudentPersonnel，1999，40（5）：297-308.

[2] 埃里克森.童年与社会[M].罗一静，等译.上海：学林出版社，1992：45-65.

不同学校的成功经验,总结出优秀高校教育实践的七项原则。

(1) 鼓励师生间交流。学校要创造条件,支持教师在课堂内外加强与学生的互动,帮助学生提高学习动力并处理生活中遇到的问题。

(2) 鼓励学生间合作。创建教育合作关系是大学生发展过程中的重要一环。大学生的学习具有社会性和合作性。同学之间的交流能够获取不同的观点和想法,可以更有效地解决问题,同时也能够提高学生的倾听能力、尊重不同观点的能力以及提高思维的敏捷性。

(3) 促进学生积极学习。大学生在学习过程中要主动思考,多动手记下重点与创新点,将理论与实际相联系,尽可能地内化学到的知识。

(4) 及时给予学生反馈。一方面,教师在学生学习过程中要给予学生有效的、及时的反馈和指导性意见,促进学生的学习;另一方面,学生也要及时向老师反馈自己的期望,包括学到了什么知识,希望学到哪些知识等。

(5) 加大学生学习投入。学生的学习效果与投入时间成正比关系,需要日积月累的努力。学生要学会科学地分配与管理学习时间。

(6) 设立高期望值。要想获得较大的收获,就必须具有高期望值。学校和教师要对学生抱有更高的期望,要高标准、严要求,不断地促进大学生的全面发展。

(7) 尊重学生的个人才能和学习方法。在培养学生的过程中,学校要鼓励学生发挥自己的特殊才能,应采取不同的方法促进学生个性的发展。

六、整体德育论

每一个人的思想政治品德构成,在一定程度上而言,都可以看作一个极其复杂的综合系统,其主要构成要素虽可简单划分为心理、思想、行为三个维度,但全面涵盖了认识、情感、意志、世界观、人生观等诸多方面。这些要素相互联系、相互作用、相互转化,推动人的思想政治品德从低级到高级、从简单到复杂、从不完善到逐步完善。[1]人的思想政治品德从少年、到青年、到壮年、再到老年的一生中,不断经历着各种思想认识的转化,其生成过程既受外部环境制约,更受内部自身影响。因此,大学生思想政治教育本身不只是一项外部灌输的理性教育,也是自我内化的感性教育。三个维度是整个育人过程中有机联系、不可分割的辩证统一体。一个人良好品德的生成和孕育过程,需要教育诸要素的平衡发展和协调适应,并从全局角度开展德育工作。

高校思政育人工作普遍涉及大学生的道德品质形成、发展以及相应的外在行为,其复杂程度及其所内蕴的育人规律,对教育者提出了要实现"全面、全程、全员、全方位"育人的现实要求。[2]在具体育人过程中,教育者和受教育者并不完全是谁教谁、谁管谁的关系,他们之间无论是思想和行为还是情感和心理都是相互作用、互为启发、彼此促进的。而要更好地促使两者的沟通交流渠道畅通,驱除不适应、不协调感,就不仅需要对大学生进行理论的学习

---

[1] 陈万柏,张耀灿.思想政治教育学原理[M].3版.北京:高等教育出版社,2015:126.

[2] 许涛.遵循德育规律追求综合效应——构建大学生思想政治教育合力机制[J].安阳师范学院学报,2007(3):17-18.

和灌输,也需要进行实践的巩固和升华,还要促进主渠道与主阵地的协同,帮助学生"内化于心,外化于行"。

用整体德育论来有效指导高校育人的理论研究需要注意以下几点。首先,要充分认识到大学生思想政治教育的统一性和整体性的特点,将大学生思想政治教育工作作为一个整体系统进行分析,其运行结构、功能发挥不仅涉及主渠道与主阵地两者的工作过程,且涉及整个大学生思想政治教育工作体系。其次,坚持整体开展德育工作,合理构建思想政治教育协同育人机制,需要对其内部各要素的关系进行深入剖析,使各要素在系统内部能够和平共处。最后,在理顺各种关系后,要通过有机联系、合理渗透、相辅相成、彼此促进等方式将育人环节的各要素综合考虑,形成科学合理的育人层次,塑造职责清晰的育人结构,找到实现育人功能的最优解,促进学生心理、思想和行为的共同发展。

第三节 大学生思想政治教育的新要求

一、面向中国特色社会主义新时代

(一)坚定大学生的马克思主义科学信仰

中国共产党领导的革命,能够打败帝国主义的侵略,推翻三座大山,建立新中国;改革开放以来,我国的发展一路高歌猛进,取得巨大成就,中国共产党带领中国人民进入新时代。这些成绩都是在马克思主义的指导下而取得的,马克思主义就是我们立党立国的根本指导思想。高校大学生是我们国家未来发展的希望,他们要更加坚定马克思主义信仰。马克思主义是科学的、唯物主义的理论,能转化为一种科学的信仰,一定是被广大人民群众所理解和认可的。马克思说过:"批判的武器当然不能代替武器的批判,物质力量只能用物质力量来摧毁,但是理论一经群众掌握,也会变成物质力量。"[1]马克思主义理论是在实践中被不断证明并完善,是一种最终被广大人民群众所接受的科学信仰,形成了强大的信仰力量。高校思想政治教育工作要引导学生建立马克思主义信仰,建立正确的价值观,并用来指导自己的学习,以便为新时代中国特色社会主义建设贡献力量。

马克思主义科学信仰引领新时代核心价值。中国特色社会主义从无到有、从弱到强,离不开马克思主义强大的价值引领,马克思主义信仰是推动新时代继续前进的核心力量。中国的发展进入了新时代,社会主要矛盾发生了转变,发展环境也在不断变化,但我们的社会主义道路要坚持不动摇,我们国家的社会性质要坚持不变,这就需要马克思主义继续引领中国特色社会主义的发展方向。马克思在《资本论》中详细分析了人类社会为什么最终会走向共产主义。马克思主义作为一种信仰,不仅在于给人信念的力量,更在于它的科学性,以及对人类社会发展的理性思考。

---

[1] 马克思,恩格斯. 马克思恩格斯文集:第1卷[M]. 中共中央马克思恩格斯列宁斯大林著作编译局,译. 北京:人民出版社,2009: 11.

改革开放不断深入,中国与世界各国的联系日益紧密,使我们国家在意识形态领域将出现多元文化的交融和多元价值并存的局面,意识形态的发展将出现更多的特点,我们所面临的意识形态工作将更加严峻。复杂多样的意识形态不仅会对主流价值观念有所影响,更会对马克思主义的深入传播产生冲击。与此同时,我们国家经济水平的显著提高,使人们的物质生活有了极大的改善,如果此时不对人民的价值观和信仰问题加以引导,便会有人出现精神迷茫的状态,对于理想的追求出现错误的方向。社会的发展需要马克思主义信仰,社会思潮需要正确的引领。以马克思主义科学信仰作为新时代价值引领,能够唤醒人们对于真善美的追求,能够对我们社会主义国家产生认同感,能够构筑推动新时代发展的精神力量,激发人们对于社会主义建设的积极性,从而推动人们为共产主义目标而努力。

马克思主义科学信仰是新时代的精神动力。马克思主义作为一种信仰,首先为人提供的是精神活动,然后用思想的力量来调动人的行为。恩格斯说过:"就单个人来说,他的行动的一切动力,都一定要通过他的头脑,一定要转变为他的意志的动机,才能使他行动起来。"[1]那么马克思主义信仰就是引导人将意念转化为行动的动力,它能将人的内在心理转化为强大的精神力量,构建人们新时代发展的精神动力。中国特色社会主义进入新时代,这是对我们国家改革开放以来取得的成就的证明,这是对我们亿万中华儿女努力奋斗的肯定,这是我们中华民族发展的崭新阶段。虽然我们取得了一系列的成就,但我们仍然要保持清醒,重视发展中遇到的每一个问题。新时代的发展充满挑战,路途充满荆棘,如何使我们在新时代的发展中仍然保持饱满的精神状态,这就需要马克思主义信仰在新时代能够凝聚社会力量,继续为人们提供不竭的精神动力,鼓舞团结人民群众,继续引导他们为建设新时代而奋斗。

(二)引导学生正确认识中国特色社会主义道路

中国特色社会主义道路不是一蹴而就的,而是在实践探索中不断发展起来的。中国近代的演变,从洋务运动时期的政治改良、君主立宪制,到民国的资本主义,到中华人民共和国成立初期的社会主义,再到改革开放及中国特色社会主义,中国共产党根据中国的具体国情对马克思主义社会发展理论进行了丰富和发展。历史告诉我们,其他任何政治制度在我们这个历史悠久、国情复杂的国度是行不通的,马克思主义才是最适合中国的。进入新时代,对于高校大学生要加强思想政治教育,要引导学生正确认识中国特色社会主义道路,增强大学生的道路自信。

我们坚持的马克思主义也是在历史实践中不断发展和进一步完善的,"中国特色社会主义的本质和内涵决定了它是中国人民创造美好生活的必由之路"。[2]在新时代,高校思想政治教育就要引导学生正确认识中国特色社会主义道路,防止学生对中国特色社会主义的认识陷入僵化的理论模式和实践框架之中。

---

[1] 马克思,恩格斯. 马克思恩格斯选集:第4卷[M]. 中共中央马克思恩格斯列宁斯大林著作编译局,译. 北京:人民出版社,2012:258.

[2] 于鸿君. 坚持中国特色社会主义道路是创造人民美好生活的必由之路[J]. 中国党政干部论坛,2019(11):30-33.

第一章 大学生思想政治教育创新概述

（三）强化学生理解习近平新时代中国特色社会主义思想

习近平新时代中国特色社会主义思想在党的十九大上正式被确立为我们党的正确思想，这是马克思主义中国化的最新理论成果，标志着新时代新理论的成熟，这将是我们从"富起来"走向"强起来"的理论指南。党的二十大报告也系统阐述了习近平新时代中国特色社会主义思想的世界观和方法论。"六个坚持"相互联系、内在统一，是我们深入学习、全面贯彻习近平新时代中国特色社会主义思想必须牢牢把握的基本点。我们国家要想在新时代取得更大的成就，更好地夺取社会主义的伟大胜利，就必须在当前和今后长期的时间内坚持习近平新时代中国特色社会主义思想，用新思想武装全党及全国人民。因此，帮助学生更好地理解并掌握新思想，及时用新思想指导学习和生活，是新时代高校思想政治教育的工作重点。我们办中国特色社会主义教育，就是要理直气壮开好思政课，用习近平新时代中国特色社会主义思想铸魂育人，引导学生增强中国特色社会主义道路自信、理论自信、制度自信、文化自信。[1]

新时代高校思想政治教育要继续把握"思政课"这一主要渠道，将习近平新时代中国特色社会主义思想融入各个教学课程当中，紧密结合教学内容，深入推进新思想入脑、入心，丰富教学的育人功能，提高学生的思想政治素养，培养学生的实践创新能力，开阔学生的发展视野，努力使思想政治理论课真正成为广大学生真心喜爱、终身受益的课程，实现马克思主义科学理论育人、化人的最大公约数。

二、面向中华民族伟大复兴的新时代

中国作为一个古老的东方大国，历史悠久，文明璀璨，在五千年的发展史中，政治、经济、文化都曾走在世界发展的前列，对世界发展产生了深远的影响。中国五千年的发展史也是人类历史发展的缩影，中国人民在农耕时代取得了举世瞩目的成就，但进入近代以来，不论是西方殖民主义的侵略还是封建主义的落后愚昧，都让中华民族陷入了内忧外患的境地，中华民族的发展进入了最黑暗的阶段。但伟大的中国人民并没有被各种困难打倒，为了改变这种落后挨打的局面，无数人前赴后继，做出了各种救国尝试，最终在中国共产党的正确领导下建立了新中国，中国人民从此站了起来。经过新中国七十多年风雨历程的发展，我们党带领人民不断突破，创造着中国奇迹，中国人民的生活水平得到了显著提升，国家实力已经今非昔比。在新时代，我们高校思想政治教育就要面向中华民族伟大复兴的新时代，坚定立德树人的目标，教育学生增强民族荣誉感和国家归属感，把握住民族复兴的大好时机，用高尚的品德和过硬的本领为实现中华民族伟大复兴的中国梦而不懈努力。

（一）高校思想政治教育要引导学生把握民族复兴的历史机遇

当今的国际环境变幻莫测，整个世界正在经历着百年未有之大变局。在这场变局之中，

---

[1] 习近平. 新时代中国特色社会主义思想铸魂育人　贯彻党的教育方针落实立德树人根本任务[N]. 人民日报，2019-03-19（1）.

既有影响我们国家发展进步的不利因素,也有实现民族复兴的历史机遇,这就要求我们辩证地看待这个现状。中华民族有着璀璨悠久的文明历史,在近代也经历了一个多世纪的磨难,中华民族亟须重新崛起,重新屹立于世界民族之林。高校思想政治教育要敏锐地把握住新时代的时代要求,发挥积极引导的作用。当代大学生都亲身经历着国家这些年的变化,也见证了社会的发展进步。迈入新时代,新的历史机遇要求我们要不忘初心,继续努力。因此,高校思想政治教育要积极引导学生从历史发展的角度看问题,感受这个日新月异的时代给中华民族带来的发展机遇,珍惜当前发展的大好局面,努力学习专业文化知识,积极培养道德品质,将这个时代赋予我们的机遇牢牢把握在自己手中,从而实现中华民族的伟大复兴,让中华民族再次成为世界发展的引领力量。

(二)高校思想政治教育要培养勇于在民族复兴中担当大任的人才

我们要想把握住实现中华民族伟大复兴这个历史机遇,就需要我们各行各业每一个人都贡献出自己的力量,就需要越来越多的人才投入祖国的建设之中。高校正是培养社会主义人才的地方,大学生在这里可以学到专业的知识,掌握过硬的技术。但是,光有知识和技术是不够的,还要有优良的品德和正确的世界观、人生观、价值观等,对社会主义建设有积极的推进愿望,对理想有高尚的追求。高校思想政治教育是意识形态建设的重要工具,能够将正确的理想信念贯彻到学生的学习、生活中。要培养担当民族复兴大任的人才,就要求高校的思想政治教育坚定社会主义的本质要求,培养学生正确的理想信念和道德追求,让大学生在成才的路上不会跑偏,始终走在正确的道路上,最终能够为中华民族的伟大复兴发挥积极的作用。

1. 培养有道德品质的学生

道德品质是关乎人的一生的重要部分,拥有良好的道德品质,可以做到服务社会,弘扬正能量,而道德丧失则会在发展中误入歧途,对人生发展产生消极的影响。现在社会多元思想文化激荡,道德品质教育也会面临一些新的情况,这些都是社会发展过程中不可回避的问题。这就需要高校思想政治教育发挥德育的重要作用。中国传统的优秀道德品质是经中国悠久历史而流传下来的,对人的教化具有积极良好的指导帮助作用,利用这些优秀的道德品质,通过实践教学,让学生充分认识到优良的道德品质对人生发展的重要作用,才能将我们的学生培养成道德品质良好且能够发扬社会主义正能量的人才。

2. 培养有正确世界观、人生观、价值观的学生

社会主义核心价值观是我国社会的主流价值观,对整个社会的价值具有引领作用,能够使各阶层树立起共同的信念。中华民族伟大复兴离不开青年一代,正确的人生观、价值观将为大学生提供方向的引领。我们党和国家在对人才的培养方面不仅重视知识技能的培养,同样也重视综合素质的培养。当代大学生具有开阔的国际视野,思维方式越来越活跃,有着较强的自主性,敢于尝试新鲜的事物,但是因为心智还不够成熟,在某些方面的辨析能力较弱,容易被影响并迷失方向。什么样的价值观决定什么样的行为,正确的人生观、价值观对于个人的成长和发展影响深远。新时代的大学生要大力弘扬社会主义核心价值观,高校思想政治教育要为国家、为社会培养有正确人生观、价值观的学生。

3. 培养有高尚理想追求的学生

习近平总书记指出:"革命理想高于天。理想信念之火一经点燃,就永远不会熄灭。"在战争年代,中国共产党在物资匮乏、战斗条件十分恶劣的情况下仍然不放弃希望,以饱满的热情投入到为民族解放的斗争中,就是因为仁人志士心中有远大的共产主义理想,有为中华民族谋复兴的追求。中华人民共和国成立后,在各个岗位涌现出很多的劳动道德模范,他们大多是普普通通的人,在平凡的岗位上为社会无私奉献着,但是却并不局限于自己手头简单的工作。他们心中有高尚的理想,有着更高层次的精神追求,有着建设国家及让社会变得更美好的心愿。新时代的建设,需要更多年轻有为的大学生参与其中,高校思想政治教育不仅需要完成课本的教学任务,也要通过文化熏陶、回顾历史等各种方式,培养学生具备社会主义的远大理想,让他们通过追求更高的精神满足,远离低俗的物质追求,用理想信念的力量鼓舞自己投入社会主义的建设中,并形成源源不断的精神动力。

三、面向中国在国际舞台日益强盛的新时代

中国发展进入了新时代,这个新时代不仅体现在经济建设方面,也体现在中国外交和国际关系方面。这个新时代,是我国日益走近世界舞台中央、不断为人类作出更大贡献的时代。中华人民共和国成立以来,随着综合国力的提升,我国在外交方面不断取得新的进展,积极参与全球治理,为世界和平与发展作出了积极的贡献。高校思想政治教育应主动面向中国在国际舞台上日益强盛的时代,新时代的中国要在国际上发挥更加重要的作用。思想政治工作者要紧跟时代发展需要,满足时代发展要求,不仅要注重培养学生的道德品质和知识技能,同时也要引导大学生具备国际视野,能够客观认识世界发展大势,客观看待外部世界环境,具有世界格局,担负起培养新时代符合国际发展的人才这一时代职责。

(一)引导学生正确认识世界发展大势

当今的世界是日益开放的世界,也是复杂多变的世界。科技创新不断引领着社会的变革,科研领域的竞争成为各个国家把握发展机遇的重要方面。面对复杂的国际社会,需要我们用开放的态度来审视发展的机遇和挑战。从改革开放以来,我们国家一直在不断深化开放,扩大开放领域。如今的新时代国家会继续加大开放程度。随着国家开放的不断推进,我们也要时刻关注国际社会的发展,在接受新事物的同时,应保持理性的态度,不要因为国际社会的动荡而影响到国家的稳定发展。如今是中华民族最接近伟大复兴的时代,我们要把握住这个时代赋予的机会,这就要求我们既要对中国的发展道路和发展方向保持信心,同时也要时刻关注国际社会的变化,把握发展机会,规避发展风险,客观看待我们国家的发展情况和世界发展的局势。

习近平总书记强调过:"要教育引导学生正确认识世界和中国发展大势。"[1] 当今时代,纵观世界,处于巨大的变局之中。大学生的思想政治教育工作是党和国家思想政治工作的前沿,具有很强的现实性。要时刻把握提高学生思想水平这项重要要求,不仅要使学生认识我们国家的发展道路,也要对世界发展大势有所认知,通过比较学习,开阔眼界,树立起建设共产主义的远大理想。

(二)引导学生深刻认识中国为构建人类命运共同体贡献的中国方案

人类命运共同体,是站在新的历史视角,强调世界各国相互平等,共同发展,以一种全球价值观来共同应对人类面对的挑战。这是新时代中国特色大国外交的一种体现,也为全球发展提供了新的思路。当今世界格局变化迅速,经济全球化与信息化时代为每个国家和地区都带来了机遇和挑战,中国与世界的交流越来越频繁,不可分割,在这样的历史条件下,我们年轻一代的大学生看到了更为广袤和复杂的世界。如何指导学生在正确认识中国和世界的发展趋势下与民族复兴的伟大使命相结合,培养学生具备更强的责任感和使命感,就要让学生深刻了解人类命运共同体,学习中国为世界人民发展所提出的中国方案。

高校思想政治教育应该充分发掘人类命运共同体的价值意义,对教育理论进行充实和发展,通过建构思想认同,引导学生尊重各国文化,理解各个国家的文化差异,只有相互包容,才能推动人类文明不断发展。弘扬和传播人类命运共同体精神,是新时代高校思想政治教育的重要课题,要将人类命运共同体思想带到大学生的世界观教育中,结合教育理论研究和教学实践,发挥积极的思想政治教学作用。高校思想政治教育要帮助学生厘清人类命运共同体和中国梦之间的关系,坚定社会主义信念,积极践行中国为世界发展所贡献的中国方案,在实现中华民族伟大复兴的同时,为推动人类文明进步与世界和平作出努力。

(三)引导学生全面认识中国特色大国外交

中国是礼仪之邦、友好之邦,自古以来就有张骞出使西域、鉴真东渡、郑和下西洋等外交典范。自从中华人民共和国成立以来,随着我们国家综合国力的逐渐提升,我们国家在国际社会上发挥着越来越重要的作用,对于地区发展和全球稳定做出了积极的贡献。进入新时代以来,中国在外交事业上不断取得新成就,我国提出"一带一路"倡议并牵头成立"亚投行",参与金砖国家新开发银行等,这些都体现出了新时代中国特色大国外交的担当,展示了中国为推进世界和平发展所贡献的中国方案,也极大地提升了中国在世界上的影响力。

站在新的历史起点上,新时代中国外交的视野更加开阔,目标更加高远,格局更加宏大。青年大学生是国家未来的接班人,未来的世界发展是全球化的时代,大学生要全面深刻地认识世界与我们国家发展的深层关系,全面了解中国特色的外交政策,这对于大学生更好地为国家做出贡献有着很强的现实意义。高校大学生的思想政治教育要充分发挥引导作用,

---

[1] 习近平. 在全国高校思想政治工作会议上强调:把思想政治工作贯穿教育全过程开创我国高等教育事业发展新局面[N]. 人民日报, 2016-12-09 (1).

利用各种教学方式,为学生解析中国特色大国外交,了解新时代我们国家在外交层面的重要贡献,并且能够更深层次地领会到中国特色社会主义一路走来,在风雨历程中所取得的伟大成就,正是因为这些成就的取得,才让我们国家有能力为推进全球发展贡献自己的力量。同时对于大学生个人而言,今后自身的发展也会与这个时代密不可分,全球化的演进让世界之间联系得更加紧密,对国家外交有更加全面的认识,也能对世界形势有更客观的判断。高校思想政治教育首要面对的对象就是大学生,教会学生客观认清世界,这对于每一名大学生的未来发展是十分有利的。

第四节 大学生思想政治教育创新的必要性与意义

一、大学生思想政治教育创新的必要性

(一)实现中华民族伟大复兴中国梦的需要

实现中华民族伟大复兴的中国梦,是我们每一位大学生共同的理想信念,而伟大的理想信念也只有在强有力的理论指引下才能更加充满活力,熠熠生辉。习近平总书记指出:"为实现中华民族伟大复兴的中国梦而奋斗,是中国青年运动的时代主题。"[1]

中国梦是历史的、现实的,更是未来的。人民更注重精神需要,对美好生活充满遐想。大学生思想政治教育工作必须立足社会的实际,深入研究中国的历史与现实,同时关注社会的变化,用发展的理念看待中国。为中国从大国转向强国而努力奋斗,这是历史赋予大学生思想政治教育的时代使命与责任。中国梦的教育是大学生成长道路的需要。大学阶段正是人生道路与方向的确认与选择的重要时期,在这样一个时期进行中国梦教育无疑是十分必要且意义重大的。中国梦作为大学生共有的理想,不仅可以帮助他们增强向心力和凝聚力,还可以培养他们为了目标永不言弃的宝贵精神,为大学生实现个人目标提供强大的精神动力。

实现中华民族伟大复兴的中国梦,丰富了大学生思想政治教育的内涵。中国梦以实践活动为平台,不仅可以充实理论知识,还可以有效提升思想政治的实效性;中国梦以"两个一百年"为奋斗目标,深刻揭示了当代中国发展的方向,是马克思主义中国化最新理论成果,不仅引领大学生思想政治教育前进的政治方向,也为其提供新时代的话语体系。中国梦丰富了爱国主义的内涵,彰显了我国的大国责任与使命担当,结合了当代爱国主义特色,充实了爱国主义内在含义;中国梦强化了大学生的责任担当。广泛开展责任担当教育,助力中国梦实现,从而有效培养大学生的价值观、历史观,彰显集体主义精神。

大学生思想政治教育将中华民族伟大复兴的中国梦内化为个人的自觉追求。对于大学生而言,良好的思想政治教育是推动中国梦、个人梦实现的助推剂和润滑剂。大学生思想政

---

[1] 习近平.在同各界优秀青年代表座谈时的讲话[N].人民日报,2013-05-05.

治教育坚持马克思主义辩证唯物主义,引导大学生用辩证统一的观点看待中国梦与个人梦,两者相辅相成,互为辩证关系;思想政治教育课程的开展,帮助大学生不断前行,是大学生追求个人梦想、学习科学知识、加强理论修养、提高政治素养的有效途径,不仅可以点燃大学生奋斗的激情,还可以帮助他们理解中国梦,从而努力拼搏;对大学生进行思想政治教育,既可以有效地帮助大学生增强社会使命感、紧迫感,又可以培养他们正确的思想道德和全面理性的人格。大学生思想政治教育助推大学生自觉把个人理想融入共同理想中,从而把中国梦内化为个人追求。

社会主义核心价值观既是中华民族的价值追求,也是当代大学生的精神追求。新时期的思想政治教育也应该积极顺应大学生的价值追求,积极倡导社会主义核心价值观。高校是新时期培养民族优秀人才的摇篮,必须筑牢思想防线,不忘初心,奋发图强,不辱使命。

(二)继承、发扬中华优秀传统文化的需要

中华民族优秀传统文化是民族共同智慧的结晶,是我们的文化之源,是国家发展的力量之源。时代的进步和发展更需要增强大学生对中华优秀传统文化的认识和理解,并在传承的基础上不断地学习和创新。高校学生的思想政治教育与中华优秀传统文化紧密相连,加强思想文化建设的同时,也对中华优秀传统文化的传承起到了积极作用,其积极意义主要有以下两点。

第一,当前我国处在社会转型的重要阶段,各种不同的社会思潮对中华优秀传统文化造成了持续的冲击,各种意识形态和文化之间互相传播和碰撞。大学阶段是人生的黄金时代,也是人生价值塑造和形成的重要阶段,大学生思想政治教育是他们的"精神之钙""思想之舵""信仰之基",不断增强大学生的文化自信心、民族认同感,培育大学生的爱国主义意识,才能促进中华民族优秀传统文化得以传承和发展。

第二,中华民族优秀传统文化注重人文修养,注重以文字为中心的教育。加强大学生的思想政治教育工作,既能促进大学生道德素质的提高,又能促进其个人人格的健全,促使其积极践行中华优秀传统文化的实践意义,达成大学生同时具备"内在美,外在美"的目的。大学生的思想政治教育工作与中华优秀传统文化具有相辅相成的关系,加强大学生的思想政治教育工作,有利于加深大学生对传统文化的认识与认同,增强民族团结,提高大学生的思想政治素养,进而实现"以文育人"的目标,这对于中国实现现代化强国目标有着重大的现实意义。

(三)实现国家人才培养目标的需要

新的时代召唤新的人才。习近平总书记曾说过:"一代人有一代人的长征,一代人有一代人的担当。"[1] 大学生作为时代先锋,更要努力拼搏。党和国家陆续对人才培养提出新要求,习近平总书记也多次深入阐述关于高校人才培养的思想。从国家的角度来看,高校学生

---

[1] 佚名.评"五四"百年:一代人有一代人的担当[N].人民日报海外版,2019-05-04.

的思想政治教育要解决的是为国家培养什么样的人、怎样培养、为谁培养的基本问题。新时期高校思想政治工作的质量不仅关系到国家的人才素质,而且要适应新时期的综合国力、国际地位,必须与时俱进,才能在人才培养中占有优势。时代在发展,社会在进步,在培养大学生的过程中,要拓宽国际视野,增强创新意识,朝着国家创新人才的发展方向迈进。

对高校而言,大学生思想政治教育能净化学风校风,营造和谐、健康的校园氛围,为大学生创造健康、开放、包容的成长环境,让每一位学生争做时代的先锋。与此同时,对于大学生来说,大学生的思想政治教育也有助于增强他们的政治兴趣、政治参与性。促进大学生树立终身学习的理念,不断汲取知识养分,提升自己,丰富精神境界,学会处理社会关系与人际关系,养成知行一致的良好品质,落实国家人才培养目标。

二、大学生思想政治教育创新的现实意义

(一)有利于引导大学生树立正确的世界观、人生观、价值观

大学生思想政治教育更加注重理想信念教育,通过一件件真实的历史事件和人物品质,让大学生在精神领域内产生更强大的内核动力,从而树立起更远大的理想追求,在实现人生目标的道路上,始终坚定理想信念的指导方向。现在国家、社会和学校都在不断强调社会主义核心价值观,以此来切实增强人们的社会意识。在校大学生通过对社会主义核心价值观的深刻学习,能够形成正确的价值观念,在为人处世上有更高的道德品质要求。大学生思想政治教育通过理想信念和社会主义核心价值观的教育,使学生能够不断提升自己的精神追求,建立良好的道德品质,最终能够独立清醒地看待周围的人和事,一步步引导学生树立起正确的世界观、人生观和价值观。

(二)有利于增强高校大学生的爱国主义情怀

大学生经历了知识的洗礼、科学的沐浴,是国家未来发展的主力军。一个饱含爱国主义的学生,可以为自己的国家奉献青春甚至奉献一切,那些响应国家号召到西部、到农村去的大学生正是他们的代表。但是一个不热爱自己国家的人,非但不能为自己的国家做贡献,甚至还有可能做出危害国家的事,因此,在广大学生中培植爱国主义的信念和情怀显得尤为重要。新时代要有新征程,中国面临着极其复杂多变的内部环境和外部环境,积极培育大学生的爱国主义情怀就成为新时代迫在眉睫的任务。高校思想教育工作者要强化舆论宣传,多向学生传递正能量,多向学生传播国家发展的伟大成就,多引导学生正确认识社会问题。要时刻关注学生的成长发展,了解学生的关注内容,运用互联网新技术,以学生喜闻乐见的、潜移默化的方式培育和增强大学生的爱国主义情怀。

(三)有利于引导大学生正确认识时代责任和历史使命

中国梦是我们每个人的梦想,中华民族的复兴需要我们每个人的共同努力,大学生作为社会中的一个群体,也要勇于担当时代责任,为国家发展贡献力量。实现中国梦不能停留在

口头上,而要落实到行动中。大学生思想政治教育正是应时代之需、应国家发展之需而不断发展,要教育大学生在实现国家飞跃发展的阶段中勇敢地站出来,将历史使命与自身发展紧密联系在一起,肩负起时代之责。

(四)有利于指导高校思想政治理论课教师改进并创新教育方式

高校大学生思想政治教育面临新的环境和新的条件,那么以往传统的教学方法必然会较难以适应现在新的发展阶段。总结经验可以发现,理论灌输的方式其实很难取得最佳的教育效果,而且在灌输式和说教式的教育方式下,使大学生对于思想政治教育的理解和印象逐渐变得刻板化和僵硬化,使得思想政治教育的效果大打折扣,因此,在新时代面临新的发展阶段,教育方式的改进不可避免。新时代的高校思想政治课涉及面更加广泛,对教学质量也有了更高的要求,这都需要教师的教学有针对性,要根据学生学习的实际情况积极创新教育方式,不能仅拘泥于传统的教学课堂,而要运用各种传媒,通过不同渠道,利用多种载体,运用多样形式,不断优化教学方式,从而形成宣传教育的合力,使大学生思想政治教育产生更好的效果。

(五)有利于创新高校思想政治工作方法

当前正处于互联网大背景的时代下,信息技术的发展日新月异,大学生思想政治教育要取得最佳效果,就要与时俱进,充分利用互联网带来的新技术。"培育互联网思维,主动学习与利用互联网技术,创新思想政治教育手段与方法;转变教育者的优势心态与主导思维,实现教育者与受教育者相协调;转变以现实情境为单一环境思维,实现现实情境与网络情境的互动、补充、协调发展;树立共享的精神,使先进的教育理论、发达的教育技术、优质的教育资源在互联网的平台上实现共享"。[1] 通过对网络途径的有效利用,可以使高校教育工作者对于互联网有更加深入的认识,这对于他们了解互联网意识形态及抢占互联网意识形态阵地有着积极的作用。

---

[1] 王建敏. 新时代思想政治教育的特征及实现路径[J]. 马克思主义与现实研究,2018(5):165-170.

第二章　大学生思想政治教育现状分析

第一节　大学生思想政治教育主要矛盾生成的因素

恩格斯指出:"矛盾的连续产生和同时解决正好就是运动。"[1]大学生思想政治教育基本矛盾辩证运动的过程,就是国家和社会发展不同时期大学生思想政治教育主要矛盾生成和演化的过程。本章将着重阐述大学生思想政治教育主要矛盾生成的基本条件、根本遵循和逻辑过程。

一、大学生思想政治教育主要矛盾生成的基本条件

(一)大学生思想政治教育主要矛盾生成的经济条件

恩格斯强调:"一切社会变迁和政治变革的终极原因……不应当到有关时代的哲学中去寻找,而应当到有关时代的经济中去寻找。"[2]经济基础决定上层建筑,上层建筑一定要适应经济基础的发展状况。经济条件是属于经济基础的范畴,大学生思想政治教育主要矛盾属于上层建筑的范畴。因此,经济条件是影响和制约大学生思想政治教育主要矛盾生成的根源性因素,经济条件的优劣在其终极意义上决定着所生成的大学生思想政治教育主要矛盾的社会主义性质。大学生思想政治教育主要矛盾生成的经济条件主要包括经济利益、经济制度和经济发展态势等要素。

首先,马克思、恩格斯指出:"人们自觉地或不自觉地,归根到底总是从他们阶级地位所依据的实际关系中——从他们进行生产和交换的经济关系中,获得自己的伦理观念。"[3]经济利益是大学生思想政治教育主要矛盾生成的经济条件的关键,经济条件的诸元素都是围绕着经济利益这一核心要素运行的。在国家和社会发展的不同时期,经济利益的占有和分配方式将直接决定国家和社会发展的目的和方向。维护国家和社会中少数人的经济利益或维护最广大人民的经济利益,将直接决定国家和社会发展的资本主义方向或社会主义方向,

---

[1] 马克思,恩格斯. 马克思恩格斯选集:4卷[M]. 中共中央马克思恩格斯列宁斯大林著作编译局,译. 北京:人民出版社,1995:160.

[2] 马克思,恩格斯. 马克思恩格斯选集:2卷[M]. 中共中央马克思恩格斯列宁斯大林著作编译局,译. 北京:人民出版社,1995:741.

[3] 马克思,恩格斯. 马克思恩格斯全集:20卷[M]. 中共中央马克思恩格斯列宁斯大林著作编译局,译. 北京:人民出版社,1972:102-103.

从而决定大学生思想政治教育主要矛盾生成的资本主义性质或社会主义性质。譬如,进入新时代,我国充分发挥中国特色社会主义的制度优势,大力调整国民收入格局,即提高低收入水平,扩大中等收入群体规模,限制过高收入,取缔非法收入等,这些都取得了显著成效,充分体现了我国社会主义制度的优越性。这将引导和促进大学生对中国特色社会主义的认同与坚持,不断提升大学生的思想政治素质水平,同时将影响和制约大学生思想政治教育主要矛盾的生成和演化。

其次,经济制度是对国家和社会发展的经济运行的根本规范。经济制度是一个国家经济基础最核心和关键的要素,它将直接决定上层建筑的性质、状况和发展趋势。我国的"以公有制为主体,多种所有制经济成分共同发展"和"以按劳分配为主体,多种分配方式并存"的基本经济制度,决定了中国特色社会主义的性质,决定了大学生思想政治素质的社会主义性质属性,从而也决定了大学生思想政治教育主要矛盾生成的社会主义性质和方向。

最后,经济发展态势是影响和制约大学生思想政治教育主要矛盾生成的重要因素,是大学生思想政治教育主要矛盾生成经济条件优劣的直接体现,它将直接影响和制约大学生对中国特色社会主义基本经济制度、文化制度和政治制度的认同和坚持,影响和制约大学生思想政治素质的提升,从而影响和制约大学生思想政治教育主要矛盾的生成。特别是新时代我国社会主要矛盾已经转化为人民日益增长的美好生活需要和不平衡不充分的发展之间的矛盾,经济发展也呈现出经济新常态(即经济增长速度放缓,经济结构进一步优化,以及经济发展出现了动能转换),经济实力出现质的飞跃,在生产领域我国有些行业已经处于世界领先地位,不过在基础研究方面还存在一定的短板,但经济发展总的态势是可持续及良好的。

(二)大学生思想政治教育主要矛盾生成的政治条件

在《反杜林论》一文中,恩格斯指出:"每一个历史时期的由法律设施和政治设施及宗教的、哲学的和其他的观点所构成的全部上层建筑,归根到底都应由这个基础来说明。"[1]大学生思想政治教育主要矛盾生成的政治条件,是指影响和制约大学生思想政治教育主要矛盾生成的政治路线方针政策、政治体制机制、政治行为实践等要素系统。大学生思想政治教育主要矛盾生成的政治条件属于上层建筑的范畴,它的存在和发展对大学生思想政治教育主要矛盾生成起着直接性的影响和制约作用。因此,这个时期的政治条件直接影响和制约着国家和社会发展对大学生思想政治素质的要求,以及大学生思想政治素质的状况。

首先,国家的政治路线、方针、政策是否符合国情,政治体制、机制是否科学健全,政治行为、实践是否体现了民主、法治等,将直接影响和制约这个时期国家和社会发展对大学生思想政治素质的要求,这也是大学生思想政治教育主要矛盾生成的风向标。如今,坚持以习近平新时代中国特色社会主义思想为指导,加强中国特色社会主义民主政治建设,把党的领导、依法治国和人民当家作主有机结合起来,建设中国特色社会主义法治体系、法治社会、法

---

[1] 马克思,恩格斯. 马克思恩格斯选集:3卷[M]. 中共中央马克思恩格斯列宁斯大林著作编译局,译. 北京:人民出版社,1995:739.

治政府,保障人民的各项民主权利,推进党的建设,努力把我国建设成为富强、民主、文明、和谐、美丽的社会主义现代化强国。这就明确了中国特色社会主义新时代的历史使命和伟大征程,即强国建设与民族复兴是新时代的重点,这也指明了新时代大学生思想政治教育主要矛盾生成的社会主义方向,同时强国建设与民族复兴对新时代大学生思想政治素质提出更高的要求。

其次,大学生思想政治教育各个时期政治条件的优劣,将直接影响和制约着大学生思想政治素质的现状。譬如,以习近平同志为核心的党中央高度重视政治生态建设,坚持党要管党,全面从严治党,切实践行"四个伟大"思想,着力推进党的建设这项新的伟大工程。党的凝聚力、组织力、感召力明显增强,党的先进性和纯洁性得到明显提升,党内风清气正的政治生态已逐渐形成。同时,建设中国特色社会主义民主政治建设已经成为新时代政治体制改革的核心任务,坚持党的领导、人民当家作主和依法治国的有机融合。

人民群众的知情权、决策权、监督权得到有效保障,各民主党派积极参政议政、进行民主协商等,这些都极大地促进了大学生对党和中国特色社会主义的高度认同和忠诚度,改善了大学生思想政治素质水平的现状,并在一定程度上影响着大学生思想政治教育主要矛盾的生成。

(三) 大学生思想政治教育主要矛盾生成的文化条件

大学生思想政治教育主要矛盾生成的文化条件是指影响和制约大学生思想政治教育主要矛盾生成的思想、道德、艺术等要素。大学生思想政治教育的主体矛盾产生的社会环境属于上层建筑,其产生与发展直接或间接地影响着大学生的思想政治教育,这种关系的形成过程是渐进的、持久的,不断融入大学生思想政治工作主要矛盾产生的过程中,对主要矛盾的形成提供主导和引领作用。时代的文化环境对高校毕业生的思想和政治素质的需求产生了一定的影响和限制,进而对高校毕业生的思想政治素质提出了新的挑战。

首先,文化条件对大学生思想政治教育主要矛盾中的次要方面(该时期国家和社会发展对大学生思想政治素质的要求)有一定的影响和制约。文化条件往往会潜移默化地渗透、影响和制约每个时期国家和社会发展的目标和任务,而国家和社会发展的目标和任务决定其对该时期大学生思想政治素质的要求,因此文化条件会无声无息地影响和制约国家和社会发展对大学生思想政治素质的要求。譬如,加快建设马克思主义指导思想和我国优秀传统文化有机融合的中国特色社会主义先进文化的步伐,积极弘扬和践行社会主义核心价值观,培育民族精神和时代精神,并用这些来引领和宣传国家和社会发展的社会主义方向,确保国家和社会发展的社会主义性质,诠释和定位强国建设与民族复兴对大学生思想政治素质的要求,因此,要优化配置文化资源,建立健全文化体制,建设优化文化生态,不断发挥中国特色社会主义文化条件的优势,引领大学生思想政治教育主要矛盾生成的社会主义方向,确保大学生思想政治教育的社会主义性质,促进大学生思想政治教育工作稳步发展。

其次,文化条件对大学生思想政治教育主要矛盾中的主要方面(该时期大学生思想政治素质水平现状)有一定的影响和制约。文化条件往往会润物细无声地渗透、影响和制约每个时期大学生的思想政治素质。积极进取的文化条件能够帮助大学生树立远大理想,增强政治意识,提升道德操守,使大学生积极响应国家所倡导和弘扬以爱国主义为核心的民族精神和以改革创新为核心的时代精神,能够提升大学生思想政治素质水平;而消极落后的文化条件很容易影响大学生的人文认同感,扭曲大学生的价值取向,动摇大学生的理想信念,甚至会败坏大学生的道德风气。一些错误思潮会严重影响大学生思想政治素质整体水平的提升,使之与国家和社会发展对大学生思想政治素质要求的差距拉大,使这个时期大学生思想政治教育主要矛盾更加突出和更难化解。譬如,在中国特色社会主义新时代,我国已经形成马克思主义指导思想、优秀传统文化和我国革命建设改革实践有机融合的主流文化。通过积极倡导和践行在社会主义核心价值体系基础上凝练出的社会主义核心价值观,使高校意识形态安全的文化生态建设得到加强,促进各校自觉抵制和预防西方错误思潮的渗透和蔓延,并使马克思主义在我国意识形态领域的指导地位得到巩固,这些将在很大程度上改善大学生的思想政治素质现状,从而影响大学生思想政治教育主要矛盾的生成。

二、大学生思想政治教育主要矛盾生成的根本遵循

(一)对矛盾斗争性与同一性辩证关系原理的遵循

毛泽东指出:"事物的矛盾法则,即对立统一法则,是唯物辩证法的最根本的法则。"[1]而对立统一法就是矛盾斗争性与同一性辩证关系的主要体现。正是由于矛盾斗争性和同一性的相互作用、相互渗透、相互转化,才形成了矛盾的辩证运动过程。首先,矛盾的斗争性是指矛盾双方具有一种相互排斥的属性,主要体现在矛盾双方相互排斥、相互制约、相互否定的性质和趋势。毛泽东指出:"矛盾和斗争是普遍的、绝对的,但是解决矛盾的方法,即斗争的形式,则因矛盾的性质不同而不相同。"[2]

矛盾的斗争性主要有如下表现:一是矛盾双方相互异化,即"你异于我,我异于你"。矛盾的斗争性正是以这种本质异化为基础而展开的。二是矛盾双方相互排斥,即"你排斥我,我排斥你"。矛盾斗争性也是以矛盾双方反向形成的一种互逆作用力,从而衍生一种相互排斥的态势,正如列宁所述:"相互排斥的对立面的斗争是绝对的,正如发展、运动是绝对的一样。"[3]三是矛盾双方相互吞噬,即"你噬灭我,我噬灭你"。矛盾斗争性最极致的表现就是矛盾双方都力图吞噬对方,从而导致事物产生质的飞跃。另外,矛盾的同一性是指矛盾双方具有内在的、有机的、共生的属性,主要体现在矛盾双方相互依存、相互融合、相互转化的性质和趋势。正如列宁所论述:"辩证法是一种学说,它研究对立怎样才能同一,又怎样(成为)同一的——在什么条件下它们是相互转化而同一的。"[4]同样,毛泽东指出:"一切矛盾着的东西相互联系着,不但在一定条件下共处于一个统一体中,而且在一定条件下相互转

---

[1] 毛泽东.毛泽东选集:1卷[M].北京:人民出版社,1991:299.

[2] 毛泽东.毛泽东选集:1卷[M].北京:人民出版社,1991:334.

[3] 列宁.列宁全集:55卷[M].中共中央马克思恩格斯列宁斯大林著作编译局,译.北京:人民出版社,1990:306.

[4] 列宁.列宁全集:55卷[M].中共中央马克思恩格斯列宁斯大林著作编译局,译.北京:人民出版社,1990:90.

化,这就是矛盾的同一性的全部意义。"[1]

其矛盾的同一性主要体现在以下几个方面:一是矛盾的主体彼此依赖、共存、共同发展;二是冲突的两个方面相互依存;三是在一定条件下,冲突的两个方面相互渗透、相互包含、相互贯通。高校思想政治工作主体矛盾的产生,是高校和社会发展对其基本问题在国家和社会发展不同时期相互依存、相互制约、相互贯通和相互转化的必然结果。高校思想政治教育基本矛盾的对立性和统一性决定了高校思想政治工作的主要矛盾。脱离了对"对立抗争"与"同一性"的辩证关系原则的把握,就无法解决我国和我国社会发展过程中存在的主要问题。

(二)对矛盾普遍性与特殊性辩证关系原理的遵循

矛盾作为事物发展的动力和源泉,是一种普遍的规律性,也就是说矛盾是普遍的。矛盾的普遍性,是指事事有矛盾,时时有矛盾,旧的矛盾在化解,新的矛盾在形成,事物始终在矛盾中运动,旧事物的灭亡和新事物的产生都是矛盾始终运动的结果。毛泽东强调:"任何运动形式,其内部都包含着本身特殊的矛盾。这种特殊的矛盾就构成一事物区别于其他事物的特殊的本质。"[2]矛盾的特殊性,是指不同事物的矛盾具有各自的特点,同一事物的矛盾在其不同发展阶段具有不同特点,以及同一事物的诸多矛盾或每一矛盾的双方在性质、地位和作用上各有差异。高校学生的思想政治教育过程是高校思想政治教育化解矛盾中的一项重要内容。针对高校学生思想政治教育的主要矛盾可采取以下做法:首先,依据矛盾的普遍原则,把高校思想政治教育基本矛盾贯穿于整个国家和社会发展不同时期,以此作为大学生思想政治教育发展的根本动力,因此,要遵循矛盾普遍性原理,全面客观地分析大学生思想政治教育基本矛盾的发展规律,充分发挥大学生思想政治教育基本矛盾的根本动力作用。其次,从矛盾的特殊性原则出发,指出高校思想政治教育的主要矛盾的产生是我国和社会发展的各种阶段的辩证运动的产物,因此,要遵循矛盾特殊性原则,具体问题具体分析,找准国家和社会发展不同阶段大学生思想政治教育的主要矛盾和次要矛盾,以及大学生思想政治教育主要矛盾的主要方面和次要方面,厘清大学生思想政治教育矛盾制度各要素的性质、地位和作用。最后,要遵循矛盾普遍性和特殊性辩证关系原理,坚持"重点论"和"两点论"有机结合,统筹兼顾,协同化解大学生思想政治教育的主要矛盾和次要矛盾,以及其主要矛盾的主要方面和次要方面。

三、大学生思想政治教育主要矛盾生成的逻辑过程

(一)基于历史逻辑之维:大学生思想政治教育主要矛盾的生成过程

马克思强调:"意识在任何时候都只能是被意识到了的存在,而人们的存在就是他们的

---

[1] 毛泽东.毛泽东选集:1卷[M].北京:人民出版社,1991:330.
[2] 毛泽东.毛泽东选集:1卷[M].北京:人民出版社,1991:308-309.

实际生活过程。"[1] 社会存在决定社会意识，社会意识能动地反映社会存在，因此，社会意识会随着历史的变迁发生相应的演变。大学生思想政治教育主要矛盾的生成过程是以中华人民共和国成立以来的历史事件为节点，是大学生思想政治教育基本矛盾在不同时期辩证运动的过程，因此，要从历史逻辑的维度来把握大学生思想政治教育主要矛盾的生成过程。中华人民共和国成立以来，由于社会存在和社会意识随着历史的变迁而演化，大学生思想政治教育基本矛盾在各个时期也呈现出不同的主要表现形式，因此也就生成了不同时期不同大学生思想政治教育的主要矛盾：社会主义现代化建设需要高校学生的思想政治素质与高校学生的思想政治素质不能满足开创社会主义现代化建设新形势要求之间的矛盾；社会主义建设探索对大学生思想政治素质的要求与高校思想政治素质不能满足社会主义建设新要求之间的矛盾；开创社会主义现代化建设新局面对大学生思想政治素质不能满足开创社会主义现代化建设新局面要求之间的矛盾；社会主义市场经济体制初建对大学生思想政治素质的要求与大学生思想政治素质不能满足社会主义市场经济体制初建要求之间的矛盾；全面建成小康社会对大学生思想政治素质的要求与大学生思想政治素质不能满足全面建成小康社会要求之间的矛盾；强国建设与民族复兴对大学生思想政治素质的要求和大学生思想政治素质不能满足强国建设与民族复兴要求之间的矛盾。

（二）基于实践逻辑之维：大学生思想政治教育主要矛盾的生成过程

毛泽东强调："实践、认识、再实践、再认识，这种形式循环往复以致无穷，而实践和认识之每一循环的内容，都比较地进到了高一级的程度。"[2] 实践决定认识，认识对实践具有能动的反作用。大学生思想政治教育主要矛盾的生成过程，也就是中华人民共和国成立以来我国建设改革实践不断发展对大学生思想政治素质的阶段性要求与大学生思想政治素质阶段性现实之间矛盾辩证运动的过程。因此，要从实践逻辑的维度把握大学生思想政治教育主要矛盾的生成过程。譬如，在社会主义改造时期，中华人民共和国刚成立，我国还是各革命阶级联合专政的新民主主义共和国，必须改造非社会主义的经济基础为社会主义经济基础，于是对农业、手工业和资本主义工商业进行社会主义改造，并且建立起了与社会主义经济基础相适应的上层建筑，在这个时期，国家和社会发展对大学生思想政治素质的要求就主要体现在建立社会主义国家的伟大实践上，而当时大学生思想政治素质的现实与建立社会主义国家的要求还存在一定的差距，这样就衍生出社会主义改造时期大学生思想政治教育主要矛盾，即建立社会主义国家对大学生思想政治素质的要求与大学生思想政治素质不能满足建立社会主义国家要求之间的矛盾。同样，在中国特色社会主义新时代，由于我国社会主要矛盾的转化，国家和社会发展对大学生思想政治素质的要求就主要体现在强国建设与民族复兴的伟大实践上，而不再是全面建成小康社会时期的伟大实践上。新时代大学生思想政

---

[1] 马克思，恩格斯. 马克思恩格斯选集：1卷[M]. 中共中央马克思恩格斯列宁斯大林著作编译局，译. 北京：人民出版社，1995：30.

[2] 毛泽东. 毛泽东选集：1卷[M]. 北京：人民出版社，1991：296-297.

治素质多元化、多层次发展现状与强国建设与民族复兴伟大实践的要求还存在很大差距,这样也就衍生了新时代大学生思想政治教育的主要矛盾,即强国建设与民族复兴对大学生思想政治素质的要求和大学生思想政治素质不能满足强国建设与民族复兴要求之间的矛盾。因此,大学生思想政治教育主要矛盾的生成过程,也是中华人民共和国成立以来,国家和社会发展在不同时期的伟大实践对大学生思想政治素质与时俱进的要求与大学生思想政治素质不能满足不同时期伟大实践要求的差距形成的过程。

(三)基于理论逻辑之维:大学生思想政治教育主要矛盾的生成过程

大学生思想政治教育主要矛盾的生成过程离不开科学理论逻辑的指导。毛泽东指出:"当我们研究一定事物的时候,就应当去发现这两方面及其互相联结,发现一事物内部的特殊性和普遍性的两方面及其相互联结,发现一事物和它以外的事物的相互联结。"[1] 根据矛盾普遍性与特殊性辩证关系原理,大学生思想政治教育基本矛盾决定其主要矛盾的根本性质和发展趋势,大学生思想政治教育的主要矛盾集中体现其基本矛盾。因此,要从理论逻辑的维度把握大学生思想政治教育主要矛盾的生成过程,它是大学生思想政治教育基本矛盾在国家和社会发展不同时期发挥根本动力作用所衍生不同主要表现形式的结果,而其在不同时期的主要表现形式就是该时期大学生思想政治教育的主要矛盾,不同时期大学生思想政治教育主要矛盾在该时期大学生思想政治教育具体矛盾中居于支配地位,起着决定性作用。譬如,大学生思想政治教育主要矛盾的生成过程,就是大学生思想政治教育基本矛盾在新时代背景下大学生思想政治教育过程中的主要表现形式——强国建设与民族复兴对大学生思想政治素质的要求和大学生思想政治素质不能满足强国建设与民族复兴要求之间的对立统一,这也就是大学生思想政治教育主要矛盾,它决定着大学生思想政治教育工作的根本性质和发展趋势。大学生思想政治教育都是以其主要矛盾为突破口和着力点,遵循"认识矛盾、分析矛盾、化解矛盾"的思路,不断提升大学生思想政治素质满足强国建设与民族复兴的要求,使大学生成为能够担当强国建设与民族复兴大任的时代新人。

第二节 大学生思想政治教育面临的现实问题及挑战

矛盾是推动事物变化发展的动力源泉。任何矛盾都是在特定条件下形成的,并按照一定的规律演化发展。本节将根据我国高校思想政治教育工作的开展实际,对大学生思想政治教育主要矛盾的生成原因、存在的现实问题等进行分析。

一、大学生思想政治教育存在的突出矛盾

"坚持问题导向是马克思主义的鲜明特点。"[2] 问题是矛盾的表现,大学生思想政治教育

---

[1] 毛泽东.毛泽东选集:1卷[M].北京:人民出版社,1991:31.
[2] 习近平.在哲学社会科学工作座谈会上的讲话[N].人民日报,2016-05-19(2).

存在着以下几种突出矛盾。

（一）时代要求与学生现状之间的矛盾

当前，高校学生的发展不平衡、不充分的状况与国家对大学生的时代要求相偏离，但大学生的发展不平衡和不充分是当下客观存在的现象。当代社会对大学生的要求与现实生活的矛盾，正是培育当代肩负国家复兴重任的大学生所面临的主要矛盾。

1. 大学生思想政治水平多层次的发展现状与时代新人的平衡充分发展的要求不相符

大学生作为有能力承担起国家振兴重任的新生力量，必须对现实社会的形势有一个深入的了解和掌握，才能使其在各个领域都得到全面的均衡发展。所谓"平衡"，是指个人的思想和政治品格各个方面的和谐、均衡发展，而"充分"则是要求大学生的思想政治品格因素要处在比较完善的发展阶段。新时代是一个具有开放性和包容性的、多样化的社会发展时期。由于地域经济的发展、社会心理再生产水平的提高、社会信息的传播速度、对故乡的文化意识等因素的影响，大学生的视野、阅历和所掌握的知识水平都有很大的差别，而这种个体之间的分化会造成大学生对思想政治教育的认可和行为的执行状况出现差序发展的规律。这一差序发展的形成不仅体现在其内在组成成分上的失衡，而且体现在个性上的不同。1978年恢复高考，使我国的高等教育进入了一个新的发展时期。从1983年国务院通过教育部、国家发展改革委《关于加速发展高等教育的报告》，到1999年党中央、国务院做出全面扩大高等教育招生的决策，高等教育由"精英教育"走向"平民教育"，逐渐实现"大众化"。与高校大学生人数增长速度相比，高校毕业生的思想政治素质提高速度明显滞后，思想政治品格各项因素的发展还不够完善。因此，当前高校学生的思想政治素养状况尚未满足大学生应有的平衡、充分发展特点对其思想政治能力水平的需求。

2. 大学生思想政治水平多元化的发展态势与时代新人的高度政治自觉的要求不一致

随着时代的发展和中国社会的不断建设，越发艰巨的历史使命对新一代的思想政治素质提出了更高的要求。思想政治教育所反映的本质规律即是意识层面，在某些方面，它是一个特定的社会和民族的意识形态。在当前社会思想观念活跃、主流价值与非主流思想共存的情况下，我们必须夯实当代新一代的思想根基，坚决建设中国特色社会主义，培养出具备高度政治自觉的时代新人。

首先，要有一个坚定的政治立场，要对中国特色社会主义有正确的认识，坚定拥护以习近平同志为核心的党中央的英明领导。其次，要有一颗爱国之心，对人民忠诚，要有国际眼光和战略思想，积极响应国家建设人类命运共同体的号召。最后，要积极主动地开展思想政治学习，认真学习当前党的各项方针、政策和其他有关的重要政治论述，自觉实践新思想，推动社会主义建设。

（二）教师主导与学生主体之间的矛盾

人是思想政治教育的出发点，也是归宿，然而，大学生思想政治教育实践活动具有很强的针对性和组织意识,这就导致了思想政治教师在这一实践中处于主导地位。传道、授业、解惑的教学过程充分体现了教师对学生主动、积极的指导与灌输,以及在整个教学中起着统筹兼顾、协调的作用。也就是说,在我国大学生思想政治教育工作中,学校要把教育的大部分工作都交给教师来处理,从而使他们在实践中的作用更加贴近自身及所教授学生的需求。从"单一主体"到"主体间性"的变化,学术界对其进行了深入的探讨。需要指出的是,我们主张在大学思想政治教育中重视学生的主体性,并不意味着否认大学思想政治教育者在教育中的指导地位,而是要保证学生的思想政治品德发展的方向和品质,更应该肯定高等学校思想政治教育工作者在把方向、控大局上的长远的引领作用。当前,大学生的思想政治理论课程的课堂教学是进行思想政治教育工作的主要途径,而作为主要的课堂教学主体,大学的思想政治理论课的教师更是其"强主体",也就是思政知识体系话语权的掌握者。与之形成鲜明对比的是高校学生处于自主学习的"弱主体"状态。新时期的大学生正处在社会变革和发展的潮流中,自觉性增强,数字化的信息和资讯传递不仅减少了个体的抉择费用,而且拓宽了他们的选择权,使得他们能够自由地选择和决定个人需求。然而,在大学生的发展过程中,由于其自身的主观能动性存在制约,只能在教师限定的范围内得到发挥,这就使得高校思想政治教育活动中的教师主导与学生主体之间的矛盾成为主要问题之一。

(三)理论灌输与品格养成之间的矛盾

思想政治教育的理论是从系统理念出发的观念,是一种社会意识形态,它不是由大脑自发生成的,而是由外界的能量推动灌输的。从提出以来,理论灌输就是思想政治教育主要的教学手段和方法,起初在实践中取得了很好的成效。在培养目标全面提升的今天,需要用科学的思想武器装备大学生的头脑,理论灌输的方式还具不具备可行性引起了广泛讨论,尽管相关研究学者对这一问题进行了激烈的辩论,仍没有较为统一的定论,但是,我们却不能忽视理论灌输的短期性和品格的持续性之间存在的冲突。

第一,需要或情绪是动机的决定因素,因此,行动是由需要与情绪驱动的。大学生的纯粹的理性认知并不必然会带来价值的实现,而大学的思想政治教育则通过"感情认同"这一过程来实现。由于思想政治教育特殊的教学方式,部分高校在教学过程中不同程度地偏离了大学生的现实需求,阻碍了教学主体和受教育者的感情交流,使其情不能通,理也不能通,无法调动学生参与教学的意愿,更难以承担让学生内心产生自觉实践所学知识的情感共振的重任。

第二,学生个人发展程度的差异性容易被忽视。大规模的集体授课忽略了学生的个体差异,教育者期望以一种形式、一种层次、一种标准来塑造每个学生,把所有的学生都当作相同的教学单位,一种表面的教育,很难满足不同思想意识的客体的不同层次的心理需求,无法满足大学生个体的特殊需要,违背以学生为本的教学理念,致使部分大学生无法通过课堂教学获得知识增长,从而使高校思想政治教育理论课课堂教学效果大打折扣。

第三,以理论为基础,以价值观为导向,以行为为核心。从学科理论知识到实践活动,是一个知、意、行的转变过程,需要从价值观念到感情观念再到行为方式的转变,这绝非一朝一夕的事情,而是一个漫长的过程。真正的理论要有吸引力,要符合大学生情感特征,不仅应该是持久的、深刻的教育,还要有思想、心理和行为的结合。简单而短暂的理论灌输,既不能让人接受,也不能让人在课堂上形成思想政治修养,反而容易因枯燥的理论说教让学生产生厌恶感,甚至产生过分抵触思政课程而有意往思想政治教育相反方向发展的极端例子。

二、高校思想政治教育问题与挑战的判断依据

一切事情的产生与发展都有其存在的理由,新时期大学生的思想政治教育工作的主要矛盾的辩证变化为其发展转化提供了推动力。冲突和矛盾永远处于不断变化的运行状态,矛盾及特殊矛盾的存在是毋庸置疑的。"两个相互矛盾方面的共存、斗争以及融合成一个新范畴,就是辩证运动。"[1] 这种矛盾的辩证活动为大学生思想政治教育的主体矛盾的发展提供了推动力,使之经历了生成、发展、消亡和再生的螺旋循环。大学的思想政治教育过程是一个矛盾的辩证的运动,赋予了其主要矛盾阶段性、易变性特质,使得它只能在存续的特定时间、特定过程、特定阶段发挥作用。新的时代背景下,高校思想政治教育的主要矛盾在新的历史阶段不断地消亡和更新,这种辩证性的变化是持久的,这使得新的时代背景下,高校的主要矛盾也必将在新的历史阶段出现变化。

高校思想政治教育主要矛盾之所以是时代要求与学生现状之间的矛盾,即培养担当民族复兴大任的时代新人对大学生思想政治品格的要求与大学生思想政治素质的实际状况之间的矛盾,有以下三个方面的依据。

(一)社会主要矛盾的变化

社会主要矛盾既会对思想政治教育实际工作产生一定的影响,也会对大学生心理状态、发展现状和价值取向产生一定的制约作用。社会是一个不断演变和发展的环境,其发展和变革不可避免地促使社会成员去适应社会变迁。我国社会主要矛盾并非一成不变,它随时代的变化而变化。社会的主体矛盾是社会发展的核心问题,每当国家的主要矛盾出现重大、历史的转变时,都将关系到整个国家的大局,会对社会的各方面产生深远的影响。大学生是时代的开拓者,是引领时代潮流的人,是最先体验社会变化的人。高校学生对美好人生的要求与理想的价值观相一致,而理想的价值观是第一位的,即对物质、精神的全面满足。美好生活要求注重较高的心理需求,而与之形成对比的是,不均衡的社会发展表现出了物质的相对短缺,对大学生的供应仍处于物质层面,使得他们的道德精神得不到足够的滋润,而不能全面地发展他们的思想政治素养。

此外,发展观念和教育观念是相辅相成的,教育理念的更新是由社会主要矛盾的转变所驱动的,是发展观念的延伸和演化,是以思想观念为导向的。社会主要矛盾的转变,不仅是生产力发展的必然产物,更是人们对现实和意识两个方面客观问题的理解日益深刻的体现,其发展和演变既为高校思想政治教育主要矛盾转变构建了实践的土壤,也为我们对高校思

---

[1] 马克思,恩格斯. 马克思恩格斯选集:1卷[M]. 中共中央马克思恩格斯列宁斯大林著作编译局,译. 北京:人民出版社,1995:111.

想政治教育主要矛盾进行深刻理解及提出合理的新理解提供可能,并以此为基础进行教育理念的创新和发展。我们必须正确理解两者之间的关系,正确认识我国社会主要矛盾对高校思想政治教育主要矛盾的影响。

(二)中华民族伟大复兴的历史任务

中华民族伟大复兴的历史任务增益了高校思想政治教育主要矛盾新的时代内涵,为高校思想政治教育指明了发展方向。习近平指出:"高等教育要为中国共产党治国理政服务、为巩固和发展中国特色社会主义制度服务、为改革开放和社会主义现代化建设服务。"[1] 为此,高校必须坚持以"内涵"为导向,强化高校党建工作,构建全方位、立体化的高素质人才队伍。我国大学生社会责任感的树立是实现社会主义现代化建设的必然要求。新时期的大学生,既有时代创造的发展机会,又有时代赋予的发展责任,他们是中国梦的追梦人和圆梦人。我们国家是世界上唯一没有消亡的文明古国,世界在等待我们展示自己的光辉业绩,这为我们带来了巨大的挑战,同时也给大学生提出了更高的要求。要使国家变得富裕、强大,必须拥有具备大量系统科学知识和技术的专业人才。

(三)大学生思想政治教育诸矛盾的内在关系

新时期大学生思想政治教育的各种矛盾之间存在着一种相互依存的联系,这种内在联系是主要矛盾的决定因素。大学生的思想政治教育工作中存在着诸多冲突,总体上表现为:在思想政治教育工作中存在着各种冲突,各个环节存在着不同的内在冲突。当前,大学生的思想政治教育矛盾主要表现为"时代需求"与"学生现状"的矛盾、"教师"与"学生"的矛盾、"社会价值"与"个人价值"的矛盾、"理论漫灌"与"道德修养"的矛盾,其中时代要求和个人现状的矛盾准确把握着"大学"的目标特征属性,是大学思想政治教育存在的意义,在整个矛盾体系中居主要支配地位,对高校思想政治教育发展起决定作用,是高校思想政治教育的主要矛盾,影响和制约着次要矛盾的存在和发展。在这种情况下,如果能很好地解决主要矛盾,那么,另外的次要矛盾就会随之顺利化解,而次要矛盾的解决程度又将直接影响到当前的社会需要和大学生个人需求的现实矛盾。

第一,时代需求与当前大学生困境的矛盾决定和制约着师生关系的矛盾。时代需求与当代大学生现实生活的冲突,突出了大学教育的现实特点,并在一定程度上影响着大学的实践主客体地位。因此,必须通过一系列的实际工作来促进学生的全面均衡发展,以适应时代的需要。大学生思想政治教育者和受教育者是其中最重要的两个方面。高校思政教师作为教育者,在实践中属于相对强势的主体,要积极发挥其主导作用,而大学生作为受教育者,在思想政治教育中处于相对弱势的地位,要在高校思想政治教育工作者的指导下发挥其主观能动性,这就是教师主导与学生主体之间的对立统一关系。

---

[1] 习近平. 习近平在全国高校思想政治工作会议上强调:把思想政治工作贯穿教育教学全过程开创我国高等教育事业发展新局面[N]. 人民日报,2016-12-09(1).

第二,时代要求与学生现状之间的矛盾决定和制约着社会价值与自我价值之间的矛盾。时代要求与学生现状之间的矛盾,准确把握了高校思想政治教育的社会属性,为大学生实现自我价值指明了发展方向。高校思想政治教育是把大学生由自然人转化为时代新人的过程,是大学生进行自我价值和社会价值相统一的过程。国家和社会发展所需要的大学生是能够担当民族复兴大任的时代新人,要以社会主义核心价值观为个人价值追求,以时代要求为标准,以民族复兴为己任,做到个人价值与社会价值相统一。社会价值是个人价值共同体,是对个人价值的熔炼和升华,是个人、国家和社会三者的共同追求,在某种程度上是不计个体需要和得失的。个人价值为个体提供行为指引和人生方向,是个体生存发展的现实需要和利益所在。个人价值与社会价值并不是永远在同一个范畴内运动,两者总会在某些具体的方面发生不同程度的冲突,社会价值与自我价值之间的矛盾是高校思想政治教育育人目标带来的必然结果。

第三,"时代需求"与"大学生现状"的冲突,决定并限制了"理论知识灌输"与"个性培养"的冲突。当前形势和学生特征的不协调,对大学生思想政治教育工作方式产生了冲击。立德树人理念的教育实施是一个转变活动的过程,是培养具有良好素质的社会主义建设者和继承者的社会活动,而在中国建设的新时期,要解决的问题就是要使大学生适应时代的需要,使其成为可以承担民族振兴重任的人。习近平新时代中国特色社会主义思想,新时期的党中央、国务院的一系列重大的政纲、方针、政策,都是经过了实践的,符合我国改革、发展和稳定的科学事实,因此,要想将大学生培养为有能力承担国家振兴重任的新生力量,必须把这些科学的理论和思想用灌输式的教育方式进教材,进课堂,进学生头脑,以班级理论教学的形式开展高等学校思想政治教育便应运而生。但是,大学生的思想政治教育并不只是一种理论教育,而更是一种品格教育和行为教育。当代对大学生思想政治的培养,不仅是理论性的,而且更注重现实的维度。人格培养建立在具备知识的前提下,理论知识是培养人格的必备条件,但受办学水平、资金等客观条件影响,目前高校普遍存在的群体式教育使"知识泛滥"与"人格培养"的冲突必然存在。

三、大学生思想政治教育存在的现实问题

随着全面深化改革进入攻坚期和深水区,各种深层次矛盾日益凸显,大学生思想政治教育主要矛盾也面临着一些现实问题,这些问题的解决有助于大学生思想政治教育主要矛盾的有效化解。

(一)强国建设与民族复兴对大学生思想政治素质提出了更高要求

随着"五位一体"总体布局和"四个全面"战略布局的稳步推进,强国建设与民族复兴对大学生思想政治素质提出了更高的要求。

1. 精准把握世界和中国发展的大势

大学生只有看清国际国内发展大势,遵循人类社会发展规律,把握中国特色社会主义的

基本内涵和特征,才能坚定远大理想信念。人类社会的基本矛盾是推动人类社会从低级向高级演化发展的根本动力,这是人类社会发展的一般规律。但是,根据矛盾的普遍性与特殊性、斗争性与同一性辩证关系原理,人类社会发展是前进性与曲折性有机统一的过程。社会主义从空想发展到现在已经有500多年了,经历了中国特色社会主义道路的艰难探索,说明社会主义也是在艰难曲折中砥砺前行的。这就要求大学生要正确分析和理性把握这种曲折,在把握曲折中看清前进大势,用"变"与"不变"的政治论断来直面我国取得的历史性成就和发生的历史性变革,准确理解和把握新矛盾转化和新历史方位的伟大判断,始终坚持和发展中国特色社会主义,既不走封闭僵化的老路,也不走改旗易帜的邪路。

大学生要在追溯社会主义思想根源、梳理中国革命建设改革的历史逻辑、分析中国共产党发展历程的基础上,正确把握人类社会发展、中国特色社会主义发展,以及中国共产党发展壮大的客观规律性和历史必然性,坚定理想信念,牢记使命宗旨,增强强国建设与民族复兴的使命感、责任感和危机感。

2. 理性对待中国特色和国际比较

中国特色社会主义进入新时代,取得了历史性的辉煌成就,发生了历史性的深刻变革。大学生要深刻把握新时代的科学内涵和基本特征,正确认识并把握中国特色社会主义到底"特"在哪里。其主要"特"在三个方面:一是中国特色社会主义"特"在我国正处于并将长期处于社会主义初级阶段的基本国情;二是中国特色社会主义"特"在我国是世界上最大发展中国家的国际地位;三是中国特色社会主义"特"在中国特色社会主义市场经济。归根结底,中国特色社会主义道路就是一条既希望快速发展又要保持自身独立性和独特性的发展道路,这就是中国"永葆青春活力的秘籍"。因此,对中国特色的理性把握是对大学生思想政治素质的基本要求,这也是强国建设与民族复兴对大学生思想政治素质的根本要求。

随着"一带一路"战略实施和亚投行的正常运行,我国多领域、全方位、深层次的对外开放格局已经形成,国际形势风云突变,大学生时刻要面临中国与世界的深入互动,也要面临着中国与世界的广泛比较。大学生应该有坚定的理想信念、正确的立场观点、科学的明辨思维,大学生往往会在国际比较中,要把马列主义有机融入"四个伟大"之中,精准把握时代的科学内涵和本质特征,清醒认识西方资本主义国家制度体系的弊端,自觉警惕和抵制西方错误思潮的渗透和危害,不要总觉得"外国的月亮比中国圆",必须通过努力,让更多人认为"月是故乡明""风景这边独好"。"我们的长处在哪里,短处在哪里,从而搞清楚,对于西方的东西,哪些我们应该学习和借鉴,哪些应该反诘和扬弃。"[1] 因此,大学生要全面客观认识当代中国,理性看待纷繁世界,增强"四个意识",坚定"四个自信",做到"两个维护",增强政治认同,这也是强国建设与民族复兴对大学生思想政治素质的基本要求。

3. 时刻牢记时代责任和历史使命

"我是谁?""我从哪里来?""我要到哪里去?"这是哲学命题,更是实践问题。这

---

[1] 孙正聿,潘维,王绍光,等.我们为什么看好中国[M].北京:东方出版社,2017:77.

是对自我的追问,也是对时代的追问,关系到自己人生目标方向、思维方式和行为规范的选择。大学生要回答好这个命题,核心是要立足新时代,处理好自己与国家、民族的关系,做出符合新时代要求的正确选择,时刻牢记新时代的责任担当和历史使命。习近平总书记指出:"青年一代有理想、有担当,国家就有前途,民族就有希望。"[1] 大学生要弄清楚,中国梦是中华民族近代以来最伟大的梦想,需要我们中国人前仆后继、拼搏奋斗,自觉把个人的理想追求融入国家社会发展之中,勇做走在时代前列的奋进者、开拓者。大学生要时刻牢记新时代的历史使命——强国建设与民族复兴大业。

大学生正处于拼搏奋斗的阶段,到2035年基本实现社会主义现代化时,他们的年龄在40岁左右;到2050年建设富强民主文明和谐美丽的社会主义现代化强国时,他们的年龄也就在50岁左右。因此,大学生的人生黄金期,同"决胜期""历史交汇期",以及第二个一百年奋斗目标的"两个阶段"相吻合。大学生要担当起强国建设与民族复兴的历史重任,弘扬民族精神和时代精神,牢记时代使命,增强国家意识,涵养爱国情怀,践行强国之志,不断提升思想政治素养和科学文化素养,使自己成为新时代强国建设与民族复兴的中坚力量。

4. 正确认识远大抱负和脚踏实地

作为大学生,在成功的道路上,既要仰望星空,又要脚踏实地。大学生要始终坚持勤学、修德和明辨。一是要坚持努力学习,要有真正的知识。生命仅此一回,应当珍视。学习最珍贵的是刻苦的心,最重要的是勤奋和坚持。二是坚持修养品德,即强化德育,重视德育工作。要忠诚于祖国,忠诚于党,忠诚于人民,此乃民之大德也。三是坚持明辨,就是要善于明辨是非,善于决断选择,要增强思辨意识和甄别能力,在大是大非面前做到敏锐观察,精确判断,稳重自持。

苏轼有言:"古之立大事者,不惟有超世之才,亦必有坚忍不拔之志。"大学生要把远大志向变成行为实践,既要提升自身综合素养,又要有锲而不舍、自强不息的奋斗精神,从现在做起,从小事做起,注重量变积累到质的飞跃。同时,要珍惜韶华,脚踏实地,合理规划,切实践行,要以提升内涵为基点树立理想,要以过硬的本领和扎实的功底成就事业,要让勤奋学习和历练本领成为青春飞扬和搏击的不竭源泉。大学生要有坚忍不拔的意志,培养拼搏创新的奋斗精神,历练不屈不挠的心理素质,保持乐观豁达的人生态度,不断增强面对挑战、抵御风险、克服阻力和化解矛盾的能力,把视域转向强国建设与民族复兴的大局中,把泪水洒在全面建成小康的舞台上,脚踏实地地去实现自己的远大理想和抱负。

(二)强国建设与民族复兴的要求与大学生思想政治素质现状之间存在一定差距

现实生活中,高校大学生的思想政治素质很难完全符合强国建设与民族复兴的客观要求,总会有一定的差距,必然会存在矛盾。对大多数大学生来说,他们的思想政治素质与强国建设和民族复兴的要求之间有时基本一致,有时又不太一致,这就决定了这个矛盾是普

---

[1] 习近平给华中农业大学"本禹志愿服务队"回信[N].人民日报,2013-12-06(1).

遍、长期存在的。一是大学生的发展需求与强国建设和民族复兴要求的不一致；二是大学生个体经验与强国建设和民族复兴要求之间的矛盾；三是大学生思想政治教育的要求与大学生完成这些要求的实际可能性之间的矛盾。

四、大学生思想政治教育存在现实问题的原因

大学生思想政治教育存在的现实问题是多种因素共同作用和影响的结果，现从以下几个方面加以阐释。

（一）强国建设与民族复兴的要求与高校思想政治教育者能力现状之间的矛盾凸显

中国特色社会主义进入新时代，要实现新时代伟大征程的历史使命，必须把新时代大学生培养成为能够担当强国建设与民族复兴大任的时代新人，这就对新时代大学生思想政治教育提出了更高的要求，也必然要求高校思想政治教育者的能力水平能满足新时代强国建设与民族复兴的要求，而现实的情况是强国建设与民族复兴的要求同高校思想政治教育者的能力现状的矛盾日益凸显。

1. 强国建设与民族复兴对高校思想政治教育者的要求越来越高

"中国特色社会主义进入新时代，在培养什么样的人、如何培养人、为谁培养人的根本问题上，高校思想政治工作者应该承担重要的责任，这就在实质上对高校思想政治工作者提出了更高更新的要求。"[1] 高校思想政治教育者在大学生思想政治教育工作中发挥着关键性作用，强国建设与民族复兴对高校思想政治教育者提出更高的要求。

（1）坚持立德和树人有机统一。"加强和改进新形势下高校思想政治工作，必须坚持把立德树人作为中心环节，以提高大学生思想政治素质为根本价值取向。"[2] "立德树人"是大学生思想政治教育的根本任务，必须把"立德树人"贯穿于高校教育教学的始终。高校思想政治教育者所要做的就是尚德塑品、立德树人的工作。高校思想政治教育者要把"立德树人"贯穿于大学生学习生活全过程，用渊博的知识涵养、崇高的理想信念、坚定的政治立场、高尚的道德情操去感染、影响和教育大学生，使他们形成符合新时代经济社会发展的思想理念、思维方式和行为习惯。如果高校思想政治教育者不担负起立德树人的职责，甚至出现误人子弟的情况，那就会动摇甚至颠覆大学生思想政治教育工作。另外，高校思想政治教育者要把思想引领、价值取向引导、人格塑造、行为规范有机融入大学生思想政治教育的全过程，把握教育方向，创新教育方法，开阔教育视野，充实教育内容，搭建教育平台，拓展教育渠道，营造教育环境，不断提高大学生思想政治素质，真正使立德和树人有机融合，使大学生成为德才兼备的社会主义建设者和接班人。

（2）坚持言传和身教有机统一。"言传与身教的整体思想政治教育观，事实上是要求我

---

[1] 邓山. 新时代对高校思想政治工作者提出新要求[J]. 继续教育研究，2018（7）：68.
[2] 黄蓉生，崔健. 坚持把立德树人作为中心环节[J]. 国家教育行政学院学报，2017（1）：9.

们打破以前的思想政治教育观念,真正切中思想政治教育的实践品格。"[1] 德才兼备是强国建设与民族复兴对大学生思想政治教育者的本质要求。高校思想政治教育者如何根据大学生思想政治教育实际去做好立德树人工作?这是高校思想政治教育工作必须破解的难题。高校必须建立健全科学系统的体制机制来对立德树人工作进行导向、规范和评估。必须使高校思想政治教育者爱岗敬业、恪尽职守,真正做到言传和身教有机统一。

第一,做好言传工作,提高言传的感染效应。高校思想政治教育者要有政治意识、核心意识、大局意识和看齐意识,把坚持和发展中国特色社会主义作为自己的教育底线,用社会主义核心价值体系去启迪学生,感染学生,激励学生。在大是大非、善恶曲直、义利得失等方面要正确引导学生,要多给学生传递正能量,切忌发表反党反社会主义的言论,这也是高校思想政治教育者必须坚守的底线。

第二,做好身教工作,提高身教的示范效应。要想把大学生培养成什么样的人,思想政治教育者自身先要做好表率。高校思想政治教育者的言行举止对大学生具有很强的示范效应,因此他们必须严以修身、严于律己、以身作则、率先垂范,以理性的思维方式和模范的行为习惯为学生树立榜样,真正成为大学生为人处世的标杆,要以崇高的理想信念、渊博的知识素养、高尚的人格魅力得到学生的认同,赢得学生的敬仰。

(3)坚持潜心问道和关注社会有机统一。大学生思想政治教育工作归根到底就是提升大学生思想政治素质不断满足强国建设与民族复兴的要求。"高校思想政治理论课堂是进行马克思主义理论教育的主阵地。站稳了这一现实大讲堂,教师们就可以将潜心问道与关注社会结合起来,真正提升思想政治教育的亲和力和针对性。"[2] 因此,高校思想政治教育者必须坚持潜心问道和关注社会有机统一。一方面,高校思想政治教育者要爱岗敬业,忠于职守,要有"衣带渐宽终不悔,为伊消得人憔悴"的高尚境界,潜心做好大学生思想政治教育的教学和科研工作,提升自身的理论素养和实践能力,不断提升高校思想政治教育的科学化水平,做理论学术型的思想政治教育者。另一方面,高校不能被当作"与世隔绝"的世外桃源,思想政治教育者不能只做书斋里的学问,"不知有汉,无论魏晋"。高校思想政治教育工作者要在做好学术研究的基础上多关注国家社会发展的大势,多参加社会调查,真正了解并把握国家和社会发展对大学生思想政治素质的客观要求,让思想政治教育工作更接地气,而不会成为空洞的说教,要让大学生从对国家社会发展实践领悟中去提升自己的思想政治素质。

(4)坚持学术自由和学术规范有机统一。"大学的学术规范和学术自由是相互依存的范畴,学术自由是学术规范存在的前提,规范内化于自由之中,为自由设置合理的限度,保障学术自由之实现。"[3] 高校思想政治教育者必须坚持"教育教学为根本,学术研究为支撑"的理念,不仅注重思想政治教育教学,还要兼顾与其相关的学术研究,但是,必须正确处理学

---

[1] 罗立军.论思想政治教育的实践品格及言传与身教的制度基础[J].学校党建与思想教育,2011(11):52.

[2] 武卉昕.建立起潜心问道与关注社会相统一的话语场[J].红旗文稿,2017(12):27.

[3] 谢俊.大学的学术规范与学术自由[J].教育评论,2011(2):3.

术自由和学术规范的关系问题,不能把纯学术问题上升到严肃的政治敏感问题,也不能把严肃的政治敏感问题简单地模糊成一般的学术问题。一方面,高校思想政治教育者要有一种锲而不舍的学术钻研精神,始终坚持"学术争鸣、学术创新"的理念,特别是理论前沿问题,要勇于打破传统束缚,敢于创新,大胆设想,严谨调研,科学实证,勇于提出具有科学性、创新性、实践性的观点和方法。另一方面,坚持学术自由并不是没有一定的底线和原则。高校思想政治教育相关的学术研究,说到底,它是意识形态领域的范畴,必须有崇高的理想信念、坚定的政治立场,不能打着学术研究的幌子来做反党反社会主义的勾当。同时,高校思想政治教育者做学术研究必须遵循学术规范和学术道德,不做有悖于学术道德和学术规范的事,要对国家负责,对社会负责。

2. 高校思想政治教育者能力水平出现不能满足强国建设与民族复兴要求的情况

大学生思想政治教育主要矛盾的化解,在一定程度上来说取决于高校思想政治教育者矛盾化解能力水平的提升,进而通过他们的施教来提升大学生思想政治素质,而现实的情况是高校思想政治教育者的能力水平存在不能满足强国建设与民族复兴要求的问题。

(1) 高校思想政治教育者的思想素质有待提升。具备正确的"三观"是强国建设与民族复兴对高校思想政治教育者思想素质的根本要求。随着经济社会的发展,由于受市场经济趋利化价值取向的影响,很多人认为高校思想政治教育只是空洞的说教,根本没有什么价值,这些思想严重影响了高校思想政治教育者施教的主动性、积极性和创造性。"培养社会主义的合格建设者和可靠接班人是一项伟大而艰巨的事业,应饱含热情,并充满使命感和进取心,而不是仅仅把它当作一项'营生'。"[1] 在大学生思想政治教育过程中,高校思想政治教育者没有始终坚持"以学生为本",根本不去关注学生最直接最现实的问题,无法贴近学生并心系学生,无法得到学生的认同和赢得学生的敬仰。

(2) 高校思想政治教育者的政治素质有待提升。高校思想政治教育者的政治素质对大学生思想政治教育的绩效来说尤为关键。高校思想政治教育者是否有政治意识、大局意识、核心意识和看齐意识,是衡量其政治素质高低的基本标准。如果高校思想政治教育者政治素质不高,将会对大学生产生很大的负面效应。随着经济社会的发展,在国际国内负面因素的影响下,特别是西方错误思潮对高校意识形态领域的渗透和危害,使有些高校的思想政治教育者政治立场不坚定,不能正确认识我国革命建设改革的发展历程,尤其对中国共产党的集中统一领导和中国特色社会主义没有坚定的信念,而且将这种负面观念传导给大学生,对大学生思想政治理念产生一些消极影响。还有些高校思想政治教育者平时不积极参加党的政治活动,不去认识和分析中国特色社会主义新时代的科学内涵和基本特征,不去学习贯彻习近平新时代中国特色社会主义思想的基本内涵和精神实质,对新时代强国建设与民族复兴没有信心,甚至片面夸大我国改革发展中的现实问题,如官员贪腐问题、环境污染问题、贫富差距问题等,而是盲目推崇西方价值观念和生活方式,甚至出现崇洋媚外现象。这些现象

---

[1] 汪漭. 论高校思想政治工作者的情理法[J]. 继续教育研究,2018(8):60.

都是影响和制约大学生思想政治教育工作健康发展的重要因素。

（3）高校思想政治教育者的能力素质存在不足。渊博的知识不能等同于超强的能力，渊博的知识只有转化为超强的能力，才能真正彰显它的社会价值。高校思想政治教育者的能力素质是推进大学生思想政治教育工作健康发展的重要前提。随着经济社会的发展，强国建设与民族复兴对高校思想政治教育者能力素质提出更高的要求，而现实情况不容乐观，高校思想政治教育者的能力素质还存在一些短板。有些高校思想政治教育者的马克思主义理论功底不扎实，不能用马克思主义的立场观点方法向学生诠释我国革命建设改革的实际问题，不能根据新时代的基本内涵和特征去拓展自己的视域，使自己的知识结构、教育理念与方法不能与时俱进，结果导致教育教学效果不尽如人意。同时，有些思想政治教育者掌握和运用信息技术的能力存在短板，信息检索和处理能力不足，对信息技术教学方式认知不足，更谈不上应用这些信息技术。

（二）大学生思想政治素质发展要求与高校思想政治教育现状之间的矛盾凸显

随着我国经济社会的发展，高校思想政治教育工作实践和大学生在理想信念、政治觉悟、思维方式、行为习惯等方面存在很大差异，因而导致大学生思想政治素质发展要求与高校思想政治教育现状之间的矛盾日益凸显。

1. 大学生思想政治教育要体现社会价值与大学生要保持个人特质之间的矛盾凸显

在大学生思想政治教育过程中，必然存在着大学生思想政治教育体现社会价值与大学生要保持个人特质之间的矛盾。大学生思想政治教育要体现的社会价值，就是要根据强国建设与民族复兴对大学生思想政治素质的要求，建立健全大学生思想政治教育工作体制机制，强化其立德树人的功能和作用，从而提升大学生思想政治素质水平，培养担当强国建设与民族复兴大任的时代新人。大学生思想政治教育者是实现高校思想政治教育社会价值的主要承担者，从这层意义上讲，大学生思想政治教育要体现的社会价值与大学生保持个人特质之间的矛盾，就表现为大学生思想政治教育者要实现思想政治教育的社会价值与大学生保持个人特质之间的矛盾。

第一，两者由于个人素质差异而引发的矛盾。譬如，大学生思想政治教育者业务水平有限，职业道德缺乏，不能为人师表、率先垂范。而大学生要保持自身的特质，对大学生思想政治教育的态度漠然，不接受教育者的传道授业解惑。

第二，两者由于处理人际关系而引发矛盾。大学生思想政治教育者不会处理其与大学生之间的关系，更不善于协调好自己与大学生群体之间的关系，因而很容易引发师生之间的不和谐。

在大学生思想政治教育过程中，有很多大学生存在知行不一的现象。有些大学生经常在演讲中大谈国家利益高于一切，集体利益高于个人利益，以及要乐于助人和无私奉献等，然而，其中有些人在现实生活中普遍存在理想信念缺失、政治意识淡薄、道德操守失范等问题，这些都是趋利化价值取向的现实体现，因此，在有些大学生心中会产生一种"思想政治

第二章 大学生思想政治教育现状分析

教育无用论"的观点,对思想政治理论课不注重理解和领悟,只是靠强记硬背和囫囵吞枣,能拿到学分就是王道。由此可见,大学生思想政治教育的"立德树人"价值没有得到有效彰显,知行不一和言行不一的问题仍然存在。

2．大学生思想政治教育指导思想一元化与大学生思想倾向多元化之间的矛盾凸显

进入新时代,由于受国际国内多种因素的影响和制约,大学生思想政治教育指导思想一元化与大学生多元化思想倾向之间的矛盾日益凸显,这是大学生思想政治教育工作亟待解决的难题。归根结底,其实质是马克思主义意识形态的价值导向与大学生多元化价值取向之间的矛盾。而此矛盾主要体现在高校思想政治教育忽视和抵触大学生多元化价值取向的合理之处,在大学生思想政治教育过程中不具有针对性和实践性,不能因时而进和因材施教。马克思主义意识形态指导地位的性质决定了中国特色社会主义高校的性质,进而决定了大学生思想政治教育一元化的价值导向,既要坚持马克思主义在高校意识形态领域的指导地位,又要求大学生思想政治教育必须服从和服务于中国特色社会主义。在大学生思想政治教育实践中,由于受多元化文化思想交融交锋的影响,大学生的价值取向不可避免地存在着多元化的情形。一方面,由于新时代利益格局出现了一定的调整,导致了多元化的利益关系和分配方式,使得大学生的思想观念、思维方式、行为习惯呈现多元化的特征。另一方面,本土思想文化与外来思想文化的相互交融和激荡,使得大学生的价值观念与价值取向呈现多元化的特征。一部分大学生甚至认为,学习思想政治理论课没有多大用处,只是为了拿到学分毕业而已,对自己将来就业起不到太大作用,因此,大学生思想政治教育指导思想一元化与大学生多元化思想倾向之间的矛盾日益凸显,大学生思想政治教育的马克思主义一元化价值导向被所有大学生全部接受还有许多工作要做。

3．大学生思想政治主导性教育与大学生自主性接受之间的矛盾凸显

进入新时代,由于我国市场经济中仍然存在负面影响,利益格局深刻调整,思想文化日趋多元,价值取向复杂多样,因此我国大学生思想政治教育的主导性教育效果仍然面临着一定的挑战。一方面,由于受到多种负面因素的影响,一些大学生思想政治教育者对主导性教育的重要性认识不足,甚至忽视"立德树人"的重要性和必要性,过分注重大学生专业素养的提升,在思想政治教育实施过程中,部分教师有"走过场""应付形式"的心态,部分思想政治教育工作者往往对大学生的人格需要、情感要求关注不够,而只是把大学生当作自己教育的机械对象,采取一种"漫灌式"的教育模式,而忽视了因材施教的"滴灌式"的教育模式。"漫灌式"教育很难激发学生的学习兴趣,缺乏一定的感染力和吸引力,因此导致大学生思想政治教育变成空洞地说教,无法被大学生认同和践行,致使大学生思想政治教育的实效大打折扣。另一方面,很多大学生面对严峻的就业形势,往往只注重专业素养的提升,缺乏政治意识,因而对思想政治教育不感兴趣,甚至出现抵触情绪,特别是把思想政治理论课当作是多余的学习任务,在课堂上不认真听讲,戴着耳机看手机视频,或者看其他专业书籍,做其他专业课程的作业等,这样的状态连被动式接受教育都谈不上,更不用说自主性接受教育。这些都是大学生思想政治教育工作者面临的现实问题。

(三）强国建设与民族复兴的要求与大学生思想政治教育环境之间的矛盾凸显

"思想政治教育作为一种教育实践活动，必然受到教育过程之外的社会环境的影响。"[1] 强国建设与民族复兴已经成为中国特色社会主义新时代的战略目标，要推进"五位一体"总体布局和"四个全面"战略布局的顺利实施，就必须营造和改善大学生思想政治教育环境，加强大学生思想政治教育工作，培养担当强国建设与民族复兴大任的时代新人。而现实的情况是大学生思想政治教育环境已经出现不能满足强国建设与民族复兴要求的问题，即新时代强国建设与民族复兴的要求与大学生思想政治教育环境之间的矛盾日益凸显。

1. 全球化环境对大学生思想政治教育的负面影响

全球化是以经济全球化为核心，包括各国各民族各地区在政治、文化、科技、军事、意识形态等的相互依存、影响、制约、共融的多元化概念。"市场全球性开放状态下，给西方政治推广营造了良好的氛围，借此机会给社会主义国家发展增添压力，从思想上腐蚀健康的体系，逐渐腐化社会结构。"[2] 中国作为世界大国，积极参与全球化进程，逐渐走近世界舞台的中央。全球化对大学生思想政治教育的负面影响主要体现在以下几方面。

第一，西方错误思潮借全球化趋势对高校意识形态领域进行渗透和危害。西方资本主义国家在大谈全球"淡化意识形态"的论调，极力推崇全球价值理念的"融通"与"融合"的同时，又不择手段向我国高校渗透"历史虚无主义""普世价值""宪政民主"的错误思潮，使大学生很容易受到西方生活方式和价值取向的侵蚀，特别是容易受到利己主义、享乐主义和拜金主义的影响，造成有些大学生不顾中华民族的传统美德，抛弃集体主义、艰苦奋斗、无私奉献的优秀品质，一味追求个人主义、享乐主义和民粹主义，致使他们信仰缺失、道德滑坡、价值取向扭曲。

第二，全球化淡化了大学生的家国情怀。本土文化和外来文化不断交融与激荡，致使部分大学生对外来文化缺乏辨别力，不会用思辨的方法去思考问题，不能正确认识和把握"人类命运共同体"的深刻内涵，尤其是在"地球村"的背景下，逐渐淡化和漠视以爱国主义为核心的民族精神。

2. 国内经济环境对大学生思想政治教育的负面影响

我国优秀传统价值观主张推崇"真、善、美"，针砭"假、丑、恶"，积极倡导团结协作、诚实守信、友善包容等精神。市场经济的负面因素会给大学生思想政治教育工作带来一些负面影响，影响和制约大学生思想政治素质的提升。

第一，市场经济是以追求利润最大化作为价值取向的。由于价值规律的作用和市场交换的需要，金钱的作用和地位在社会主义市场经济中被夸大，高校如果没有及时进行正确教

---

[1] 张社强. 新常态下思想政治教育发展取向分析[J]. 学校党建与思想教育，2017（20）：7.

[2] 吴霞. 全球化视野中的思想政治教育创新发展策略[J]. 继续教育研究，2015（11）：76.

育和引导,就会在校园内滋生一种金钱万能的价值取向,一些大学生见利忘义,唯利是图,盲目攀比,陷入拜金主义、享乐主义和个人主义的沼泽,甚至有个别目无法纪又急于求成的高校思想政治教育者和大学生采取违法手段谋取私利,最终走向犯罪的道路。

第二,市场经济的等价交换原则被误导和滥用的现象突出。市场经济等价交换被误用于社会交往中,致使团结友爱、平等互助的人际关系原则被异化,也使亲情、友情逐渐受到利己主义思想的影响,有极个别高校思想政治教育者和大学生缺乏精神寄托,不能明辨是非。

第三,由于市场经济高质量发展与培育正确价值取向相对滞后之间的矛盾日益凸显,在一定程度上削弱了大学生思想政治教育工作的精神支柱,导致极个别高校思想政治教育工作者和个别大学生理想信念淡薄,道德操守失范,价值取向扭曲,把追名求利当成他们学习、生活和工作的主要动力。有些人虽然享受着丰裕的物质生活,但内心却有一种莫名的焦虑和浮躁,有人甚至不择手段追求功名利禄,对人生前进的目标和方向没有定位,精神世界处于极度迷茫和空虚的状态。

3. 国内政治环境对大学生思想政治教育的负面影响

国内政治环境是影响和制约大学生思想政治教育的重要因素,特别是政治环境的负面因素制约和困扰着大学生思想政治教育的健康发展。

第一,一般群众参与政治的积极性不是很高。进入新时代,中国特色社会主义民主政治建设取得辉煌成就,但是民众的政治参与积极性和主动性还有待提高。在高校,很多大学生从来不关心政治,只专注自己的专业知识学习,更谈不上提高政治参与的积极性和主动性,这些都制约和影响着大学生思想政治教育工作的绩效。

第二,在高压肃贪反腐背景下,贪污腐败现象时有发生。长时间以来,我国保持高压态势肃贪反腐,"打虎""拍蝇""猎狐"三管齐下,基本形成不敢腐、不能腐和不想腐的态势,取得反腐败斗争的阶段性胜利。但是仍然有极个别党员、干部仍不收手,顶风作案,这些很容易削弱大学生思想政治教育的说服力。

第三,高校学生党建工作有待加强。当前,高校学生党组织建设工作力度不够,党组织的覆盖面很小,学生党员的比例不是很高,学生党建在大学生思想政治教育中的引领作用没有得到有效发挥。

4. 国内文化环境对大学生思想政治教育的负面影响

"文化环境是指社会文化系统诸要素的总和。"[1] 国内文化环境是影响和制约大学生思想政治教育的重要因素,其主要包括文化观念、文化精神、文化产品、社会风俗等,它通常润物细无声地影响和制约着大学生的思想理念和价值取向,进而影响和制约着大学生思想政治教育工作。国内文化环境对大学生思想政治教育的负面影响主要体现在以下两点。

第一,多元化价值观的冲突导致大学生道德失范。价值取向是人们对自身价值和社会

---

[1] 沈国权. 思想政治教育环境论[M]. 上海:复旦大学出版社,2002:104.

价值的根本看法,也是人们思维方式和行为习惯的标准和指南。有什么样的价值取向,就有什么样的利益诉求。进入新时代,我国的利益格局出现了深刻的调整,多元文化相互激荡,社会矛盾日趋凸显,特别是趋利化价值取向与西方错误价值观的合力作用,导致我国高校的多元价值取向仍然存在,容易引发高校价值观的冲突。例如,有极个别大学生往往以个人为中心,缺乏对社会主义核心价值观的认同,不注重思想品德的提升,从而导致理想信念缺失,道德操守滑坡,政治信仰淡化等。

第二,个别地区仍存在封建迷信思想、低俗文化。新时代我国的科技实力明显增强,但是流传几千年的封建迷信思想依然存在,尤其是在网络上,那种以赚钱为目的的封建迷信活动仍然难以彻底杜绝,有时打开一些网页,有些"算命""占卜"的词条就会出现。同时,一些低俗文化仍然存在,一些落马官员包养情妇、少数人吸毒贩毒等现象仍然时有发生,这些都污染了大学生思想政治教育的文化环境。

第三节 大学生思想政治教育面临的新机遇

意识形态和文化工作都有了长足的进步。高校学生的思想工作教育就是其意识形态和文化的一个重要组成部分。社会的发展和进步为高校大学生的思想政治工作发展创造了条件。新时期高校学生的思想政治工作要抓住新时期的发展契机,正确认识高校大学生思想政治教育正确的发展方向,使其更好地发挥作用。

一、大学生思想政治教育受重视程度得到加强

要想使人们的思想品德得到全面提升,就必须强化整个社会的思想品德建设,使人们不断地向更美好、更高尚的精神世界迈进。高校学生的思想政治教育工作是中国特色社会主义建设的一个重要内容。习近平在高校思想政治理论课教师座谈会上开展了一次关于"立德树人"的学术讨论会,将大学生思想政治教育课程与传统文化理念直接关联起来,将其理论课作为落实立德树人任务的关键课程。从某种意义上说,高校学生的思想政治工作是高校德育工作中不可取代的重要角色。

当前,随着国内外形势的深刻变化,意识形态领域的斗争日益尖锐复杂,社会生活的千姿百态使得高校学生的世界观、人生观和价值观良莠不齐,少数人产生理想信念困惑、思想道德滑坡、价值观异化等问题。在当前的新形势下,加强高校思想政治教育工作,提高大学生的思想品德素质和政治文化素质,使其符合中国新时期建设的新要求,已经成为时代发展的重要工作。大学生思想政治教育是推动社会思想道德建设的一个重大契机,也为大学生思想政治工作的开展打下基础。

因此,加强高校学生的思想政治教育工作是时代的要求,既能从思想政治教育出发提高我国的国际影响力,又能充实大学生的理想与精神,以先进的思想政治为指导,使高校学子更加热爱祖国,成为社会主义事业的建设者和接班人。

二、大学生思想政治教育的实施方法得到扩充

思想政治工作长期以来受到社会的关注。在很长一段时间内,我国高校学生的思想政治教育始终奉行"教育家为本"的理念,其教育的内容主要是由教育工作者来掌握,具有一定的封闭性。如今,教育内容单一、封闭的现状早已被彻底改变。社会信息化的发展已经在全球范围内实现了信息的广泛交流和共享,人类的行为也从现实世界扩展到了网络,从真实世界扩展到了虚拟世界。与此同时,地球似乎也变成了一个不太大的地球村。通过新时代的网络技术及互联网的发展,人们可以随时与任何国家的人民进行联系和交流。社会信息化、网络普及化、经济发展等诸多原因使高校思想政治课教师能够方便地调动各类教育资源,使思想政治的教育者能够更加精确地掌握教育目标,增强其针对性和有效性。同时,新时代网络与信息技术的发展不仅能为教育工作者及受教育者提供更多的交流沟通途径,也能增强两者之间的互动,丰富学习内容,拓展教学手段,充分发挥教育公平、民主的思想,极大地提升了学生的学习积极性和自觉性。

随着互联网的发展和普及,传统的单一化教育方式发生了变化,社会的新形势发展使教育模式、教学方式更为多元化,也更为灵活。这使得思想政治教育内容更加完整、立体、丰富,易于被受教育者的接受、理解和掌握。大学生思想政治教育也具有了更大的感染力和吸引力,便于高校学生充分地调动起自身的积极性、创造性,使思想政治教育中的理论教学更加生动、有趣,为思想政治教育又好又快地发展提供了机遇。

三、大学生思想政治教育要具有国际视野

经济一体化及现代信息技术的飞速发展,要求高校在开展大学生思想政治教育工作的同时,不仅需要从经济、政治发展水平等社会现实出发,而且必须具有国际视野,在国际交往中借鉴和吸收优秀成果。随着经济一体化进程的加快,各个国家与地区之间的经济利益关系越来越紧密,各国人民也从相对闭塞的社会向更为开放的社会生活转变,各种理念的交流越来越多、越来越频繁,国际层面的发展和竞争意识也越发鲜明。当今世界是一个开放的、互相连接的世界,这为当代大学生培养国际思想和爱国精神创造了良好的机会。

全球范围内的高校学生思想政治教育空间视域的扩展也促进了我国大学生视域的拓展,这既扩大了他们的国际化眼界,又使他们可以从世界的视角吸收人类优秀思想政治文化的成果和先进经验,并促进了大学生思想政治教育的变革和发展。在这一基础上,还鼓励和引导社会及教育者从全局出发,重视其思想政治教育的系统性和整体性。在这种背景下,高校的学生可以根据社会热点问题、两岸形势、国际形势、国际政治发展等问题展开探讨,并通过对学生进行相关问题的教育,使学生能够用大局眼光看待问题,分析问题,比较问题,从而实现弘扬主旋律的要求,引导大学生增强道路自信、理论自信、制度自信和文化自信,产生民族认同感,发扬爱国主义精神,为高校学生的思想政治教育工作提出符合新时代的发展思路及发展理念。

第四节　大学生思想政治教育的难点及重点问题解析

一、大学生思想政治理论课要提升有效性、针对性

（一）教学设定的有效性与针对性

部分高校在大学生思想政治教育的内容安排上表现为一种片面化的情形，缺乏针对性及有效性。如今，大学生思想政治教育内容虽然比较丰富，包括马克思主义基本理论、世界观、人生观、政治观、道德观和法治观等方面的内容，但是部分高校的教师在实施教学过程中一味侧重于系统的理论体系和原理灌输，与生活的衔接不够紧密，让学生感到枯燥和抽象，学生就难以理解其中的内涵和精髓，甚至完全忽略这些知识和生活的具体联系，导致这些知识和生活完全割裂开来，形成了对立的两方面，因而更谈不上理论和实践的联系与统一，这不仅造成大学生在理论学习上难以升华和进步，同时在实践上也感到不知所措。因此，这种将教育内容片面化的教学缺乏针对性及有效性，无法让学生在学习过程中感受到生活气息，难以产生共鸣并引发思考，因此需要及时革新。

1. 教学内容

（1）教学内容设定的特征。教学内容设定的重、难点问题受教学目的和要求两方面影响，具有以下主要特征。

一是理论性。高校思想政治教育理论课作为高校开展学生思想政治教育工作的重要途径，担负着全面、系统地开展理论教学的任务。教学内容设置的重点问题有概念理解、重点理论理解和应用，以及前沿问题的理解和解析。这类问题理论性强、抽象难懂，所以教师应想方设法使教学内容变得具体化、趣味化。学习和掌握马克思主义基本立场、观点和方法，对大学生科学世界观、人生观和价值观的树立大有益处。

二是深刻性。在制定大学思想政治学课程时，应着重强调要解答的理论问题，特别是涉及概念、判断、推理等理性知识时，这类知识很难掌握，要运用抽象的思考方法。有些知识还比较单调，尽管该课程的内容对学员来说比较熟悉，理解起来不会受到太大的阻力，但是因为其与马克思主义基础知识联系紧密，又比较抽象和深奥，所以很难让人产生学习的动力，从而使得学生的理解停留在浅显的层面上，教学效果就不太理想。

三是政治性。大学思想政治教育的最终目的在于使大学生坚定马克思主义的信念，坚定贯彻社会主义实践，这也是教学内容重点、难点的设定依据。大学生思想政治教育理论性的教学重点一般与下列问题紧密相连：为何中国只能靠社会主义来拯救？为何只有中国特色社会主义才能推动中国的发展？为何要明确马克思主义的指导理念一元化而不是走向多样化的方向？诸如此类问题充分反映了思想政治教育教学内容中重点和难点问题设置的意识形态特征。

（2）教学内容设定的要求。教学内容设定的重点、难点问题，主要是指在理论课上形成的相对稳定的重点和难点问题，其中既包含现有的理论知识体系，也包含了一些与当前热

门话题相关的理论导论,这些问题都是由马克思主义和中国问题相结合引起的。在确定重点、难点的时候,要按照教学目的,了解中华人民共和国成立以来所遇到的困难和教训,要从马克思的辩证唯物主义和历史唯物主义的视角出发,把中国近年来发生的重大变革和理论变革联系起来,防止两个时代的割裂和对立。同时,我们在研究中国特色社会主义思想体系的时候,也要追溯到建立之初,要认识到如果没有以前打下的思想、物质和制度的根基,没有各种积极的实践,社会就很难向前发展,也就难以实现全面小康和中华民族伟大复兴的强国梦。通过对照研究和融会贯通的学习,才能使学生更好地认识到要实现中华民族的伟大复兴,就需要坚持我们的基本原则,坚持走中国特色社会主义的发展之路,这是根本途径和指导原则。

2. 受教育者

教育原本就是人类生活的一个方面,它是在人类的生产和生活中产生的,因此,任何教育都需要立足现实,贴近生活,从学生的生活实际出发。大学生思想政治教育更应该立足于大学生,明确大学生思想政治教育的目的,以期达到预期效果,提高学生的专业水平和综合素养。

如今,部分学校和教师对大学生思想政治教育目的的设置体现为一种过于理想化的偏向,一谈到教育目的,就让大学生树立宏伟的、长远的人生目标,忽视了大学生现阶段需要设置的短期目标,不能切合大学生的生活状态、发展需求和精神需要,难以同大学生的实际生活相联系,缺乏真实感和号召力。

(1) 大学生的生活与实践。目前,我国已经进入全面深化改革及迈向第二个一百年奋斗目标的关键时刻,各种各样的问题不断涌现,各种各样的思想和观点相互交织。随着网络技术的飞速发展,大学生获得信息的渠道日益多元化,他们可以通过更为便捷、有效的方式获得自己所需要的资料,并在网络上表达自己的意见。因而,在这个阶段,大学生的思维行为表现出越来越多的独立性、选择性和个体的差异性。大学生思维特别活跃,对当前的社会变化和热点话题较为感兴趣,尤其是对与现实状况及自身实际情况密切联系的话题感兴趣,他们会认真研究相关现象,遇到难题也会及时向老师提出。因此,要充分利用课本中的重点和难点,把学生感兴趣的、对学生有益的部分转化为学生所关心的重点和难点。在教学中,要注意把握学生的思维特征和发展规律,密切联系学生的思维活动和发展趋势,将重点和难点问题与学生关注的重点、难点问题结合起来,让他们能够正确地用历史唯物主义来理解历史和实际,面对新时代的疑难问题、困境挫折,总能坚持真理,修正错误,充分利用经验和教训来指导自身的生活与实践。

(2) 大学生的特征与发展。从大学生认知特征、学习动机和认知发展的角度对其所关心的重点和困难问题进行分析,可以看出其具有鲜明主观能动性和目的针对性。

目前大学生重点关注的方面主要有专业学习、专业以外知识的拓展、就业、国家和社会发展、国内外重大事件、恋爱交友、社会公平、医疗、教育、收入等多个方面。我国高校学生面临的问题主要有前途问题、人际关系问题、多元价值观念问题、信仰问题等。由于要在高校思想政治课上寻找问题的答案,因此他们对与实际问题相关的内容有着强烈的兴趣,因而在这类内容的学习上表现出很强的参与欲望和主观能动性。所以，教师在教授思想政治教育课程时，要贯彻"以史观今""以政育人"的理念，在当前的教育和生活中通过不断总结历史经验，把握历史规律，提高大学生面对社会的胆识和实力，并激励他们奋发进取。

高校学生较为关心的内容涉及政治、经济、文化、社会等多方面，包含理论性和实效性两方面，还涉及国内外的形势等相关问题，问题不仅繁杂多样，大学生对问题的重视程度也是不同的。但是，目前的大学生关注的焦点仍然集中在个人的成长和成才上，他们常常会考虑个人的发展和事业的发展，包括考研、就业、出国等不同的规划方向。大学生在对教学重点和难点进行选择时，就表现出了明显的针对性和目的性。因此，只有明确了高校思想政治教育在解决实际问题上的定位与功能，从历史的角度审视思想政治教育与社会发展的关系，才能使大学生对其有更深的理解。

（二）针对性及有效性的提升途径

习近平深刻地阐述了大学思想政治教育工作应遵循的规则，按规律办事，坚持因事而化、因时而进、因势而新，要坚持以学生为本的教育规律为指导。要实现这一目标，就要从课程的内容上切入现实，打破传统的思维模式，转变思维定式，在教学方式上实现灵活性和多样性。不仅要使教育目标切实得到贯彻，而且要能做到因地制宜、因时制宜、因材施教。

1. 深入探究问题，突出理论导向

科学严谨的教学内容是思想政治理论课赢得学生认可的先决条件。在现行的教学内容中，"社会主义道路初步探索的理论成果"部分与当代大学生的实际生活相距甚远，该部分旨在使同学们更好地了解有关社会各方面的重大问题，但在理论上是很抽象的。学习该部分内容时，教师要厘清思路，与现实相联系，从学生身心特点、思想需求、关注热点入手，深入挖掘教材内容，并从中提炼出重点和难点。在此基础上，要充分调动学生参与的积极性，提高他们的学习兴趣，提高他们发现问题和解决问题的能力。在教学中，教育工作者可以采用"翻转课堂"的方式，精心组织专题讨论课，并将班级按照人数分成几个小组。在课前查阅资料，精心准备；在课堂上，每个小组成员用几分钟的时间阐述自己的意见，然后由其他小组成员进行评价。在此基础上，教师进行归纳总结，肯定好的方面，弥补叙述的不足之处，并对积极发言和中肯点评的学生进行表扬，按其表现优异程度计入平时成绩。通过这种方式，可以有效地激发学生的学习积极性，让他们对所学知识的理论价值、思想魅力和实际指导作用有更深刻的认识，从而在心理上形成强烈的共鸣和认同，提高教学的实效性。除了利用"翻转课堂"进行小组交流之外，老师的指导式授课也是不可或缺的。为了让同学们掌握要点并理解难点，教师用"纵横对照"的方式讲解知识尤为重要。从纵向来看，一些思政理论课程所包含的毛泽东思想与马列主义和中国特色社会主义理论体系是一脉相承的；从横向上讲，可以把毛泽东思想同其他学说，特别是西方学说的基本原理、立场和方法进行比较，揭示毛泽东思想的真理和深刻的内涵，明确其在中国社会主义建设和改革中的重要作用，使学生能够正确认识历史发展的趋势，树立马克思主义信仰，从而不断提高他们解决实际问题的能力。

2. 重视方法更新,融合网络技术

在互联网飞速发展的今天,人们的生活方式、思想观念都发生了深刻变化。大学生处在一个"无处不网"的时代,网络对他们的思想观念和价值取向产生了深远的影响。在此背景下,高校思想政治教育要想收到成效,就要顺应信息化时代的要求,充分考虑学生的实际,把传统的教育与信息化时代的特色教育方式结合起来,实现思想政治教育的目标。典型的授课方式主要有:通过课堂的互动性和教师的提问来解决难于理解的问题;在信息化条件下,运用"翻转课堂"充分调动学生的积极性;还可构建新型思政课程资源平台,探索自媒体与教育互动平台等。在新时代,利用互联网技术推动建设新媒体的网络资源与媒体的交流,是使高校思想政治教育教学模式得到创新的重要途径。通过搜集、甄别数据资源,在新媒体上进行多种形式的学习活动,可以使课堂教学的内涵更加丰富、广泛,从而达到线下教学与线上教学的良性互动。并有效运用微信、QQ、微博、App等新媒体平台,与大学生进行沟通,答疑解惑,做到线上线下学习有机融合,课上课下指导无缝衔接,在师生共振共鸣中推动思政课教学的创新性发展。教师可以将教学相关资料、课件上传至新媒体平台上,也可以通过社交媒体平台进行讨论,让同学们针对相关内容发表观点,从而达到较好的教学效果。

3. 适应环境变化,关注学生角度

在新媒体时代,每个人都有自己的表达空间,思想政治的语言生态也发生了变化,因此,思想政治教育工作者必须在新媒体背景下积极探索和创新新媒体环境语境下的课堂对话方式,从而掌握思想政治教育教学的主动。首先,把重要的真理用容易理解的话说出来。中国的教育实践是思想政治教育革新的基础,在这一重大的历史变化过程中,我们要充分发掘大学生日常生活中所见的新鲜材料,使用马克思、恩格斯、毛泽东等领袖的经典名言,结合当代大学生的生活经验,运用动漫、微电影、网络流行语等新媒体时代大学生耳熟能详的语言,证明理论的科学性和时代性,帮助他们在观察和对比中理解马克思主义为什么经久不衰。目前,某些歪曲的思想观念以"正统"的名义在混淆视听,严重地干扰了主流价值观对大学生的正面宣传。所以,思想政治教育工作者要勇于亮出自己的利器,要有理有据地指导学生有正确的信仰。教师要明确告知学生,最初的探究过程出现失误是无法避免的,不要因一点小挫折就否认了其客观性和正确性。可以通过生动的例子,以及从点到面的讲解,让话语更有说服力。其次,教师要运用饱含真挚情感的语言来提高理论教学话语的温度。认知是一种感情驱动的力量,而思想政治教育是塑造人性的工作,因此,在传授正确的理论学说的同时,也要在师生间架起一座感情的桥梁,建立互信关系与友情,加强语言的亲和力。尽管困难重重,历经艰辛,我们的社会主义建设思想理论还是有重大的突破。在探究的时候,教师可以运用生动的人物和案例,并与时代的现实情况相联系,用真情打动学生,让他们对所学的理论学说产生共鸣。

4. 改变考评方式,提升学习效能

从根本上讲,思想政治教育工作要重视启发性,"填鸭式"的教育方法早已过时。例如,在讲到关于社会主义建设的初步研究相关内容时,教师可以预先设定若干关键问题,让学生依据自己的经验,提出自己的观点,并进行点评,最后教师就一些关键问题及争议问题进行比较全面、系统的讲解,让学生真正地感受到马克思主义的力量和魅力。在课堂教学中,教师可以通过提问来锻炼学生的自主思维,使其更好地参与课堂内外的交流活动,从而增强教学的吸引力,达成教学目标。当前的思想政治教育课程的考评方式主要是以考试为主,它极大地限制了学生的积极性和主观能动性的发挥,因此,实现多种形式的考核评价是十分必要的。若能将日常表现、论文撰写、期中考试、互动讨论等与期末考试成绩相结合,将会给学生创造更宽阔的学习空间,极大地调动他们的学习积极性和学习兴趣,从而使其学习成效得以提高。

二、新媒体与大学生思想政治教育创新

(一)新媒体时代大学生思想政治教育的创新原则

1. 求是性与渗透性相结合的原则

(1)求是性原则。思想政治教育要实事求是,坚持从实际出发。思想政治教育要以马克思主义思想为指导,运用马克思主义的理论方法来分析和解决教育教学中的问题。党中央以强大的勇气和担当把实事求是的工作原则运用到国家发展进程的各个方面,并取得了突出进展,同时也从中总结了许多经验和教训,使中国迎来了从富起来到强起来的伟大飞跃。实事求是是马克思主义的根本观点,是中国共产党人认识世界、改造世界的根本要求,是我们党的基本思想方法、工作方法、领导方法。在思想政治教育工作实践中,必须从实际出发,深入实践,加强调查研究,要"务实",避免思想政治教育倾向于主观性和盲目性。"思想政治教育工作者要认真学习马克思主义基本理论,掌握唯物辩证法的精髓并将其贯穿到思想政治教育的具体工作中,将主客观辩证统一,认识与体验相融合,适时适地,以合适的方法进行教学。"[1]

(2)渗透原则。将思想政治教育融入人们日常生活、学习、工作和娱乐当中。只有将思想政治工作深入到大学的方方面面,才能更好地满足发展需要,及时发现问题并解决问题。渗透原则可以推动思政教育工作更好、更快地发展。在思想政治教育过程中以潜移默化的教育代替生硬的教学方法,让学生们从思想深处接受教育内容,从而达到较好的教学效果。与此同时,除了高校教师是思想政治教育的传播者外,还应调动更多社会力量参与到教育工作当中来。调动社会各方面力量开展全方位的思想政治教育工作,形成社会化的教育体系。求是性原则与针对性原则相结合可使思想政治教育效果更好,更具有针对性。

2. 继承性与创新性相结合的原则

新时代思想政治工作理论在坚持和发展党的思想政治工作优势与传统的基础上,结合

---

[1] 伍健婷. 提高高校思政工作者素质塑造高校思政工作者新形象[J]. 群文天地:下半月, 2011 (8) 284-285.

新的时代环境和使命任务,创造性地提出了一系列新观点、新论断、新思路,为党的思想政治工作理论宝库增添了新的内容。思想政治工作必须把继承优良传统和改进创新结合起来。思想政治工作只有适应时代特点,不断改进创新,才能保持生机和活力,充分发挥其在实践中的作用和威力。

创新性原则要求思想政治教育要根据时代的特点不断更新。要发展好高校思想政治教育,就要实时输入新鲜血液。新媒体时代的到来,使得大学生接触网络越来越频繁,新媒体平台、网络生活已经是学生们生活中重要的一部分。传统的思想政治教育并不能完全适应新时代的网络道德教育,所以我们首先要坚持创新性原则。高校思想政治教育工作者要深刻认识到当代大学生的思想特点以及存在的问题,将原有思想政治教育内容的方法基于新媒体进行全面创新。坚持以人为本与创新性原则相结合,切实提高大学生道德教育的实效性。

从载体的创新来看,全国许多高校已经出现了由部门或老师设立的公众号,以此作为新媒体平台对大学生进行"渗透式"的思想政治教育。除此之外,学校还有一些网络平台是由学生自主创建和维护。大学生在平时收集、整理、发布的过程中受到教育的同时,也得到了其他工作方面的锻炼。另外,由大学生自主编辑、整理、设计过的网站平台更容易引起同学们的关注,使思政教育的内容更加适应他们自身的特点。在思想政治教育教学中要做到以人为本,发挥主体的主观能动性,增加亲和力,促进人的全面发展。不同主体具有差异性,要从实际出发,承认差异性,毕竟不同主体对思想政治教育的理解和接受程度不同,因此要宽容对待,循序渐进。教师客观看待学生遇到的困惑,从学生的差异出发进行个性化培养,教育者需时常了解学生的心理思想变化,加强与学生之间的沟通和交流。学生只有真正实现了个性化发展,创新才会具有更充足的条件以及更加长久的生命力。

3.线上教育与线下教育相结合的原则

思想政治教育课堂要以一个全新方式融入学生的生活当中。微信公众号平台以及网络课堂都有评论的功能,教师也可以根据学生所提问的问题进行答疑。新媒体平台除了是宣传教育内容的一个载体,还是教师与学生沟通交流的良好平台。线上和线下教育是具有紧密联系和影响的,具有互相促进与补充的作用。学校的思想政治教师要把网络世界与现实生活结合起来,主动了解信息,掌握学生的现实情况,提高教育引导的针对性;在日常生活当中,高校也应开展一些线下活动,如专家讲座、主题班会等形式,将学生产生的一些思想上面的问题进行引导教育,将主流观点以及正能量的内容注入大学生的校园生活当中。新媒体与现实生活中的思想政治教育工作必须进一步结合起来,将线上教育和线下教育进行有机融合,选取各类新媒体进行相应的宣教,强化线上宣传,提升线上教育的有效性。

新媒体时代思想政治教育创新原则既要建立在传统思想政治教育原则的基础上,也要结合新媒体特点创新思想政治教育原则。推进好高校网络思想政治教育工作就要正确处理好各原则之间辩证统一的关系,让思想政治教育最大限度地发挥作用。

（二）创新新媒体时代思想政治教育的方法

高校学生的思想教育应该与时代特征相吻合，要在发展中不断进行优化，就需要思想政治教育工作者具备创新意识。在新媒体时代思想政治教育过程中不断创新教育的内容和方式来获得一个高效率的工作方法。

1. 引导学生学会思考和辨析

马克思主义哲学是思想政治教育的基础。思政课教师要转变传统的教学方式，要以哲学方法论为最高阶层的理论，因为各种详细方法都无法脱离哲学方法的指引。单单运用注入式的教学方式往往会忽视学生的主体地位，导致灌输有余而启发不足的结果。说教式教学让学生没有机会自主地、能动地去辩证分析问题，不利于培养学生的创造性思维，不利于提高他们"思想的生产力"。思想政治教育重在导向性地指导并规范学生树立正确、积极的德行和修为，把思考的钥匙交给学生，以此来让大学生学会如何思考和判断，引导大学生批评不正确的事物，从而做出正确的选择和判断。

2. 提升思政教育方法的艺术性

思想政治教育艺术贯穿于整个教学过程，因为塑造的是"美的心灵"。一定意义上讲"就是科学因素和艺术因素相互结合、彼此交织的过程"[1]。

提升思政理论传播的艺术。传播学研究发现，受众在面对多种传播信息时，往往对信息进行选择性的注意、理解和记忆。这说明只有具有生动形象、印象深刻的特征，才易于被接受者关注并记忆。所以，在思想政治教育过程中，要适应受众者（大学生）的需要。思想政治教学应经常摆事实、讲道理，运用逻辑的力量进行说服，更多诉诸理性。传播学的诉诸情感的传播技巧是通过运用艺术的方法来表达和交流情感，从而达到教育的目的。

形成"师生一起"的互动教育方式，加强互动，引领学生形成全面发展的新媒体网络氛围，激发大学生的主体性，制定个性化成长的"思政学习成绩单"，有目的地发起思想政治教育的话题，并提出问题，引起学生的学习兴趣并解答问题，让思政教育成为精神大餐；在新媒体网络环境下引导师生教、学、做相统一，发挥榜样教育的示范效应，以榜样引领进行"点赞""评论""转发"并形成同频共振，通过"发表情""晒心情""表心思"，引发"心灵共鸣"，使思想政治工作互动方式得到创新。

3. 改进思政教育话语方式

"话语理论"告诉我们言语行为理论是一种语言哲学学说。人们在互联网中交流沟通时，一般都是以打字及说话两种言语行为为主。"运用语言的能力是思想政治教育者的基本功"[2]，教育者首先应关注"话语对象"，应考虑对谁说，如何说。互联网是虚拟空间，尤其是在新媒体时代中，呈现出"去中心化"的典型特征，教师要时刻调整自己的身份，与学生进

---

[1] 陈万柏，张耀灿.思想政治教育学原理[M].北京：高等教育出版社，2010：33.
[2] 陈万柏，张耀灿.思想政治教育学原理[M].北京：高等教育出版社，2010：234.

行充分交流。要注重网络言语表达的历史性与实践性。新媒体及互联网技术的发展催生了网络话语,具有网络语境的性质,体现出网络话语权。另外,教师还要熟悉各种新媒体语言,这样才能够和学生进行无障碍的交流。在新媒体思想政治教育话语权的生成过程中,应掌握网络思想政治教育的话语权,形成中国风格、中国气派的思政话语体系,增强思想政治教育的实效性。

(三)新媒体与思想政治教育队伍建设

现今,一个专业化水平高的思想政治教育队伍是发展好高校思想政治教育的重要环节,而我们现在所缺乏的是将新媒体知识技能与思想政治专业技能相融合的一支队伍。

1. 提高思想政治教育者的基本素质

首先,德行是每一位思想政治工作者自身应该具备的品质之一。一方面,在日常的学习生活中应该和蔼可亲,乐于助人,具有亲和力。以身说法,用自身的行为事迹来引导教育学生,这样的言传身教让思想教育工作更具有说服力和感染力,可增强教学工作的实效性。另一方面,当思想政治教育工作者具备了良好的思想政治素质之后,才能在这样纷繁复杂的网络环境中时刻保持清醒,不被不良信息所迷惑,进而在思想政治教育过程中拥有一个正确的立场。

其次,政治素养也是每一位思想政治工作者要具备的品质。脱离政治理论教育的道德建设就是空谈,趋于形式甚至不是社会主义。因此,思想政治教育工作者必须深刻地学习马克思主义理论体系的重要思想,加强重要会议及重要政策理论的学习。通过自己的学习理解引导受教育者,让他们领会到运用马克思列宁主义理论解决问题的强大力量,而不仅仅是停留在字面的意思。

最后,教师队伍应具备探索精神。随着新媒体时代网络媒介及技术的高速发展,思政教育工作也应借力新媒体网络平台,将其与教学活动结合起来。在校大学生是思政教育工作的主要受体,也是一个善于接受新鲜事物的群体,因此思政教师要有与时俱进的探索精神。由于矛盾具有特殊性(具体事物的矛盾在每个方面都有不同的特点,在各个发展阶段也都有不同的特点),思政教育工作者还应适应各个方面、各个阶段的具体问题,有效地针对相关问题开展相应工作。

2. 提升思想政治教育者的网络知识技能

伴随着人类社会不断向前发展,各种全新的教育教学成分也进入课堂,并扮演着重要的角色。如果想让这种教育工作变得更加具备时效性,那么新媒体技术的运用必不可少。

一是教育工作者应当通过新媒体了解当下流行的语言以及事件等,如此便可与教育对象增加一些共同话题去讨论分析,拉近两者之间的距离,从根本上消除隔阂和代沟,形成一个平等自由的交流模式。这样教学工作者才能更加深入地了解大学生,了解到他们的一些行为和思想,并从一个朋友的角度去引导。高校的思想政治教育者还可以通过各种新媒体交流方式与学生有紧密的接触,与学生建立起一种既是教师又是朋友的新的师生关系。采用这种方法,能让同学们真实地说出自己的想法,让教师能更快地掌握他们的心理状况,增强思想政治教育效果。

二是教育工作者应当提高利用新媒体各项资源查找各种资料的能力,教师合理运用新媒体网络资源去整合课堂上所需要的信息,在获取有利于教学的信息后,运用自己的新媒体知识技能将信息进行整合处理,然后将其运用到实际教学过程中,以新媒体平台及网络作为载体,利用新媒体的传播特点和新模式传授给大学生,从而提高思想政治教育工作的即时性。

三是大学生思想政治教育是顺应当今的发展趋势的,新媒体教学也成为当今教育教学工作中不可缺少的教学方式。然而,部分教师并没有注重新媒体的应用,忽视了新媒体的强大作用。新媒体知识技能是教育工作者应该具备的工作能力,要注重新媒体技能的学习和对新媒体的熟练操作运用,要将提高教育工作者的新媒体知识技能摆在首位。如果教师具备足够高水平的知识素养,在遇到突发的教学事件时,他们不仅能够轻松地处理和应对,还能更加得心应手地完成教学任务,如此才能使高校思想政治教育工作步入一个新台阶。

(四)合理利用良好的新媒体平台

"载体"是用来承载教育内容的"物体"。思想政治教育的实施离不开一定的载体。[1]由此可知,载体的选用关乎着思想政治教育工作的效果。应打造良好的思想政治教育平台,因为只有正确的载体,才能够达到良好的教育效果。通过新媒体平台的开发可以使"单向式"思想政治教育趋于双向发展,"相互式"教育慢慢走向教学的舞台。应优化载体平台建设,以最大限度满足高校思想政治教育的要求。为了充分发挥新媒体平台对高校思想政治工作的促进作用,使公众号建设成为思想政治教育的有效载体,满足思政工作的要求,中央对重点建设一批优质高校思政类公众号工作进行了安排部署。2021年5月27日,新华社报道:"要准确把握高校思政类公众号发布内容的政治方向,推动各高校规范信息采集并审核发布流程,要加强部门协作,做好统筹协调,细化分工配合,努力建设一批导向正确、师生关注的公众号平台,打造一批形式新颖、参与广泛的网络思政品牌项目,推出一批通俗易懂、广受欢迎的新媒体产品,以网络思政的创新发展推动高校思想政治工作走深走实。"[2]新媒介的出现给我们带来了大量生动的材料,要使其变成"丰盛而可口的美食",就必须从"配方""工艺""包装"三个方面着手,使其教学的内涵更具思想性和趣味。

1. 打造好思想政治教育主题网站

当今的网络时代,互联网虽然为人类的生活提供了巨大的方便,但互联网思想的多样性和复杂性也对社会产生了巨大的冲击。当前,全球正处于一场世纪罕见的巨变之中,网络思想的碰撞也出现了空前的新形势和新的思想交锋。高校思想政治教育必须加强大学生网络

---

[1] 郑永廷. 思想政治教育方法论[M]. 修订版. 北京:高等教育出版社,2010:16.
[2] 中央宣传部,等. 中央宣传部等部署重点建设高校思政类公众号[EB/OL]. http://www.moe.gov.cn/jybxwfb/gzdtgzdt/s5987/202105/t20210528533965.html.

思想工作建设,加固"网上长城",重视网络意识形态工作。一是在新媒体平台设计上要以"内容为主线",丰富思政课教学资源与科研资源平台。占领意识形态主阵地,并守好主阵地,应势而动,顺势而为,不断增强开辟和占领网络阵地的责任感。二是要打造好"两性一度"的线上思政课,具有创造性、高阶性和高难度,宣传马克思主义思想、社会主义核心价值观和弘扬正能量。结合教育受体的思想特点,将学习内容赋予趣味,便于学习和吸收,"网"住人心。同时打造好思政新媒体集体备课平台,打破空间限制,思政教师可以将自己的优秀课件上传至网上,与大家分享、学习与交流。三是要搞好网络供给侧,提供丰富的"思政产品",让思政教育成为"精神大餐","营养丰富又美味",让思想性、知识性、趣味性融为一体。

2. 开发新媒体思想政治教育辅助软件

各高校可以开发出一些辅助思政教学的软件,例如开发出一个利用新媒体辅助思想政治教育的手机软件。这样的软件设计使教育对象在学习的过程中不受时间和地点的约束,思想政治教育能够全方位、多角度地渗透到大学生的日常学习生活中,提高了获取知识的效率,从而最大化地发挥教育作用,达到教学目的。如手机端互动课堂 App、思政公众号,涵盖"课堂教学、教学管理、师生互动、教学评价"等多项功能。通过测评市面上已有的软件,发现这些应用在功能上主要有理论课堂、在线阅读、在线答题等功能。高校在结合传统思想政治教学方式的同时,创新改进现有思想政治教育软件。教育软件可以在具备课程视频播放、时事资讯、在线答题的基础上增添一些学生之间学习交流的平台或向老师咨询解惑的程序,可以拉近学生之间、师生之间的关系,方便大学生随时查阅相关的知识内容,了解国家的大事小情以及最新的方针政策等,再加上交流互通的功能,教育者和教育对象便可以随时随地交流自己的独到见解,进行学术之间的讨论沟通。如此更利于加强思想政治教育,其效果会叠加。

教育软件除了达到教学的目的,还应该增加一些真正服务同学的功能。可以开设心理咨询,有些学生在实际生活中碍于面子,遇到心事不愿意去心理老师那里咨询解惑,就可以通过软件并以匿名的形式与老师交流,在保留隐私的情况下,也解决了心理上的疑问。还可以增设大学生就业信息、社团活动、学校服务等栏目。学校方面派一些专业人才去维护系统的运行。

3. 加强对不良信息的管控

要优化新媒体时代的网络环境,必须对网络(手机)App 的不良信息进行管控。从传播学的守门人理论角度看,守门人的作用是信息接收和信息过滤的关键者。良好的新媒体环境氛围有助于思想政治教育工作的开展,同时也利于大学生的身心发展。一是社会方面,需要相关部门加强对新媒体传递信息的监管。凡事都会有弊端,当我们沉浸在新媒体教学给我们带来的利处时,还要考虑到它给我们带来的负面影响。清除不良信息的传播途径,分离有用信息和不良社会思潮,减少思想政治教育的负面影响。二是高校要加强思想政治教育新媒体(手机)App 的管控,对不良信息进行控制,在信息发布平台建立筛选机制,对这些不良信息要做到及时清除。营造一个良好的教学环境,也会大幅度提升思想政治教育工作者的工作效率。

4. 加强对大学生"微载体"新媒体网络舆情的正确教育与引导

新媒体网络舆情是指在互联网上，由网络用户对各种现象、问题所表达的意见和情感的总和。大学生是社会团体中的一个关键成员，在新媒体网络舆情环境中不可避免地受到了正面或负面的影响。所以，对"微时代"下的高校新媒体网络舆情进行合理的指导，有着十分重大的现实意义。高校校园舆论以网络"微载体"为基础，对大学生思想品德可能造成消极的冲击。为此，应采取切实有效的手段，及时更正新媒体"微载体"对大学生舆论的宣传和引导现象。具体措施如下。

（1）优化大学生新媒体网络舆情的环境。随着新媒介的迅速发展与流行，"微媒体"已经成为网络舆情的新环境。在"微媒体"的今天，人人都是舆论的制造者和传播者。在这些群体中，高校毕业生是社会舆论的主要力量。在高校校园网飞速发展的今天，由于计算机及智能手机、平板等终端的普及，使得网络舆论的产生与接受变得更加便捷、及时。为此，应采取行之有效的手段对高校传媒的网络舆论进行优化。第一，注重大学自身的和谐与发展，营造一个良好的校园氛围。在校园环境建设中，要努力创造和谐校园环境，使大学生受到良好校园环境的影响，从而树立正确的世界观、人生观和价值观。第二，通过积极的校园文化建设，用崇高的人本主义来培养学生。比如，可以在校园内组织新媒体的网上文化交流活动，利用多种形式的宣传手段使大学生了解并主动地参加这些活动。高校开展有关新媒体的文化实践，有助于提高大学生的新媒体素质，并指导其树立正确的新媒体网络舆论观念。第三，积极推动大学新媒体的建设，发挥好新媒体舆论导向的作用。比如，高校可以在校园网站、论坛等新媒体平台上主动宣发网络舆论。如果能够做好这几个内容，那么，大学生新媒体网络舆情的环境就会得到明显的改善。

（2）加强高校微信群的舆情引导。在新媒介时代，如何正确地进行舆论导向，是大学生思想政治教育中需要重点关注的问题。在以传统媒介为主体的年代，由于有特定的采访通道和审查流程，使得学生获得资讯的机会有限。政府新闻媒介和老师之间的沟通是有绝对权力的。而在"微时代"，由于新媒介的传播方式具有很强的自由性和交互性，给了参加者更多的思考空间和自主意识，这样每位学生都能自主地获得资讯，做出评判，表达自己的观点。现在的高校学生都喜欢使用微信，大部分的学生都拥有自己的微信账号。因为微信强大的交互作用，使得其已经是高校学生在新媒体平台上进行舆论宣传和交流的一个主要工具。为了强化对新媒介舆体的引导，高校要把重点放在大学生微信群上，并在群里做好舆论导向工作。主要有以下几个方面：一是培育舆论领导者，引导舆论导向。比如，导师可以在各个班里培育1～3位学生作为舆论领导者，在设立舆论领导者时要考虑以下问题：①学生要具备良好的世界观、价值观和人生观；②高校思想政治舆论领导者在学生群体中拥有较强的权威地位；③把握议题的确定，让学生进行积极探讨。另外，要加强对高校新闻舆论的劝导，充分掌握高校新闻舆论的主动。为了防止在微信群中出现某些负面的网上舆论，辅导员可以在舆论领导的配合下主动开展新媒体舆论的宣传工作，帮助大学生降低心理恐惧。

（3）提升新媒体舆论引导主体教育水平。网络舆论在新媒体时代是一种意识形态领域的思想观念，它对大学生道德认知能力的形成具有正负两方面的作用。其正面作用是：扩大了人们的认识视野，突出了人们的主体性，促进了人们的认知发展。其负面效应包括认知混乱、认知偏差、认知失调和认知盲从等。新媒体舆论对大学生的认识造成的负面影响，在很大程度上阻碍了当前大学生的思想政治教育工作。"微时代"的新形势下，高校新闻舆论引导的主体性教育势在必行。众所周知，大学的传统媒体以学校报纸和校园广播为主导。在新媒体时代，大学生通过"微载体"在网络环境中记录自己的情绪，表达自己的观点。当前，大部分高校学生都是通过"微载体"的平台来发表自己的观点。高校应积极引导大学生在"微载体"上进行正确的表达，加强对新媒体的舆论引导，提高大学生新媒体的舆论引导能力。为了达到这一目的，大学应该通过新媒体道德教育工作来提高大学生的自我约束能力。如高校思想政治工作者在平时的教育和教学中，要有针对性地开展新媒体网络思想政治教育工作，引导大学生树立正确的新媒体网络道德规范，使其不断提高自身的道德素质。同时，要坚持指导性、平等性、开放性的基本原则，定期与大学生一起梳理学习"新媒体"舆情的内容与特点，提高引导的针对性，树立权威的价值导向，培养学生新媒体素养，加强新媒体法制与伦理教育，共同创建引导合力。在平时的班会中，辅导员可以对学生进行新媒体舆论道德教育；在高校校园文化建设中，也可以针对高校新媒体进行针对性的网络思想政治教育工作。当大学生具备了较高新媒体网络道德水平后，便不会轻易遭受不良网络舆情的影响。

第三章　大学生思想政治教育的理念创新

第一节　大学生思想政治教育理念创新概述

一、思想政治教育理念创新的概念

思想是行为的导向，教育要进行改革，必须首先在思想和观念上加以修正和革新，不然也就无法在制度、内容和方法、机制上实现创新。在中国国情下，加强大学生的思想政治教育观念的改革，必须以培养具有创造性的人才为核心，并积极吸取先进的教学理念。

坚持以教育为核心的教育观念是实现"教育大国"的重要思想基础，它在促进教学业务发展方面具有很强的导向作用，同时也与大学思想政治教育教学质量密切相关。这不仅源于教育者对思想政治教育实践规律的认知与助推，更应该把它看作文化传承和现代社会的交互作用。

认识和把握教育的性质，是思想政治教育观念创新的先决条件。教学主体要与客体对象进行即时交互，注重大学生的现实需求，以人文精神为主导，从而确立其精神层面的维度。在教学观念的革新上，不仅要注重知识的传授，还要注重对学生的正确引导，教育者要掌握正确的道德标准和行为准则，这样思想政治教育的理念创新才能真正发挥其应有的作用，彰显其巨大的价值。

当前，思想政治教育的新思路主要是针对我国对新时期思想政治教育的认识落后、实践不够等状况提出的，思想政治教育工作者应树立时代观念，在创新思想政治教育理念时要符合新时代的要求，符合大学生的实际需要，不断推进大学生思想政治教育改革。

二、大学生思想政治教育理念的特点

"特点"即"特有的优点或缺点"。"特点"的重点在"特"，即自身的特殊属性，而不在"点"，即一般属性的笼统列举。据此审视大学生思想政治教育理念特点可以发现，大学生思想政治教育理念具有政治性和社会性、内隐性和外显性、间接性和直接性、现实性和理想性、稳定性和发展性。

（一）政治性和社会性

一方面，大学生思想政治教育理念与其他教育理念的最大区别在于前者明显带有政治色彩。政治性是思想政治教育的基本属性。作为对思想政治教育的理性认识、理想追求和

观念体系,大学生思想政治教育理念保留了其政治性。无论是大学生思想政治教育的价值观、目的还是发展理念,都体现了思想政治教育的本质。如前所述,大学生思想政治教育的本质是追求思想上的互信。

另一方面,大学生思想政治教育理念又体现为社会性。社会性是指某事物面向社会全体,维护和体现社会不同主体的共同诉求与根本利益。社会性与政治性既有联系又有区别。二者的联系体现在,社会性虽然维护不同主体的利益,但归根结底还是为了实现阶级统治,社会性脱离不了政治性,"思想政治化"和"政治思想化"就是社会性与政治性联系的重要体现。二者的区别体现在:"社会性"由于兼顾了不同主体,因而更容易被人认可;"政治性"旗帜鲜明地捍卫阶级利益,因而容易使人产生抵触情绪。正因如此,现代社会不同性质的思想政治教育力求互通有无、互相借鉴以发展完善自己,大学生思想政治教育理念因而具有社会性。

(二)内隐性和外显性

大学生思想政治教育理念的内隐性首先是由自身的抽象本性所决定的。大学生思想政治教育理念作为一个统领其他观念范畴的概念,更多时候它所体现出的是一种方向、精神或倡导,而不是具体的细节描绘。因而就其形态来说,它是内隐的而不是直白显露的,这体现在:一是在实现政治目的时,为了使人认可和接受而表现为社会性,所以出现"思想政治化"和"政治思想化"的现象;二是理念只是对大学生思想政治教育的大局规划,至于具体操作,包括理论建构和实践开展,还需要结合实际条件有针对性地进行,因而表现出潜在性和不确定性。

大学生思想政治教育理念虽然是抽象观念,但是一旦被运用,人们却能明显感受到它的客观存在与实际作用,因而又表现出外显性。外显性体现于大学生思想政治教育理论与实践的建构与运用中。当人们按照某一理念构建大学生思想政治教育理论体系,并开展相应实践以及出现教育结果时,人们会明显感受到理念的存在。如教育对象主动接受思想政治教育并转化为良好的品行,说明理念指导下的思想政治教育是成功有效的。假如教育对象对思想政治教育持有抵触情绪,说明教育者所坚持的理念有误或对理念认识存在偏差,为此就要创新理念或重新领会理念。

(三)间接性和直接性

大学生思想政治教育理念的内隐性和外显性,一定程度上可以称为"内外不同"或"舍近求远"。"内外不同"说的是大学生思想政治教育理念作为一个体系,却最终反映为一个实践结果;"舍近求远"说的是大学生思想政治教育理念虽然指明教育理想,却不为人们提供"捷径",而需要人们根据理念指示再探索。"内外不同"和"舍近求远"引出大学生思想政治教育理念的又一特点,即间接性和直接性。

"间接性"是指理念不直接作用于大学生思想政治教育。首先,它通过影响教育者的意识使其转变思维及解放思想,进而通过具有先进意识的人发挥能动性,使思想政治教育理论得以健全，实践得以改善，实效得以提高；其次，在上述基础上，理念通过影响教育组织者，借助教育组织者去影响受教育者，进而通过全体受教育者的思想进步推动社会和国家的进步。"直接性"是指大学生思想政治教育理念是一个观念范畴，它直接影响教育者与教育对象的思想，即人的思想观念的转变是判断理念是否得到确立、贯彻的直接标志。"直接性"还体现在对思想政治教育多样化追求的排序上。理念在提出之初，就直接告知它要达成什么，实现什么，扭转或改变什么，这一系列"什么"在理念那里是直截了当、旗帜鲜明、毫不隐讳的。

（四）现实性和理想性

大学生思想政治教育理念作为一种理性认识，其认识对象是思想政治教育。为了实现理性认知体系的建立，必然要从思想政治教育现实出发，展开客观考察并得出相应认识，所以它具有现实性，"现实性"是针对理念的形成来说的。"现实性"还体现在理念被选择、贯彻、落实的过程中。正常情况下，人们只会选择切合时代发展要求的理念，过时的陈旧理念则会被人们抛弃。原因在于：理念作为一种观念，是由社会存在所决定的；大学生思想政治教育理念体现着社会发展的现实要求。此外，被选择的理念只有与大学生思想政治教育实际相结合，才能发挥应有的指导价值，否则就会出现理论与实践脱节的现象。

人们选择某一理念去指导大学生思想政治教育，其目的并不局限于对社会要求的适应。与"适应"相比，大学生思想政治教育理念更看重"超越"。"超越"是对现存状况的超越，因而大学生思想政治教育理念具有理想性，即以思想政治教育理想矫正现实，探索未知，超越自身，发挥引领前瞻作用，特别是要始终服从和服务于建设者和接班人的培养。"理想性"体现着理念的长远价值，它的实现不是一蹴而就的，而是长期乃至曲折反复的过程。

（五）稳定性和发展性

高校学生的思想政治工作观念是比较稳定的。首先，在观念的抉择中，要经过认真思考和慎重决断，观念一经确立，其在思想政治教育的理论与实践中的定位与功能就会比较稳固，而非飘忽不定。其次，在一定的观念引导下，高校的思想政治教育工作将始终遵循这一理念所指明的道路，绝不会中途放弃，也不会改变方向。最后，"稳定性"也反映了在思想观念不变的情况下，不管是对学生的思想政治教育的理论还是实践，都不能回避这种观念对其产生的作用。

"理念"的稳定性，反映出思想观念对行为影响的根深蒂固。正因如此，不管是坚持原有理念还是更新旧理念，都应慎之又慎，但这并不意味着要"一条道走到黑"。一旦理念落后于时代要求，就必须把握时代脉搏，以时代精神更新大学生思想政治教育理念，实现自身的发展，因此，"发展性"是大学生思想政治教育理念的应有之义。理念为大学生思想政治教育设置了一个教育双方一致认可的教育理想，原地不动就不会有所发展，也就无法实现思想政治教育理想。当然，"发展性"所说的创新理念不是对旧理念的全盘否定，而是有继承并有扬弃。

第二节 "立德树人"理念在大学生思想政治教育中的创新

一、"立德树人"理念对大学生思想政治教育的基本要求

（一）对育人标准的要求

"培养什么样的人"是大学生思想政治教育的任务和目标，也是准则。"立德树人"的"品德"是高校思想政治教育工作中最重要、最根本的环节。立德树人是以政治、大局、核心、看齐四个方面为核心。"立德"是指树立政治道德、社会公德、职业道德、生活美德，培育具有中国特色的社会主义伟大工程的优秀建设者和可靠的继承者。在这些因素当中，道德品质是最重要的。要想做一个好人，必须从"立德"开始。青年学生的世界观、人生观和价值观还没有完全发育，大学正是学生受教育的关键阶段，所以，高校要积极贯彻国家有关思想政治的方针，结合自己的教学实践，把"德育"作为教学的首要任务，突出"立德树人"的作用。这就要求高校：一是把思想政治教育作为首要的教育工作，并予以一定的保障。二是在实践中对"德"的观念进行潜意识的灌输。在课堂上，应考虑到学员所接受的知识的实际情况，对"德"的深层含义进行深刻发掘，力求使"德"和"智"相辅相成，通过课程实现德育的全面发展。三是以"德"作为衡量教育效果的尺度，以对其个人世界观、人生观、价值观能否满足"德"这一根本要求进行评判。

（二）对育人内容的要求

"用什么培养人"是高校思想政治教育工作的重要组成部分。教育的方式包括知识性教育、养成教育和能力教育。在这些因素中，理想信念、社会主义核心价值、优良的民族文化是学校思想政治教育的重要组成部分。为此，必须以"四个代表"为核心，引导大学生全面深入地研究中国特色社会主义理论和路线方针政策，这是"立德树人"的重要内容。其次，要强化高校思想政治教育中的社会主义核心价值观。"德"的核心是社会主义的核心，它对"德"的生成有着举足轻重的影响。所以，要把它作为高校德育的灵魂，要在正确的世界观、人生观和价值观的指导下，在德育的过程中努力实现以内在的精神追求带动外在的行为自觉的目的；在教学内容中要体现出优良的民族文化。中国人的爱国主义精神应该是热爱祖国的文化，并对其进行继承和发扬，是文化传承对教育的基本要求。因而，加强对国家和时代的认同与归属感，是促进中华优良传统文化与教育教学相结合的重要先决条件和基本要求。

（三）对育人效果的要求

"如何培养人"是指高校思想政治教育工作中一种重要的教学手段。如何达到"立德育人"的目的，解决"德"如何"立"的问题，需要切实发挥高校思想政治教育工作的作用。在新的时代背景下，要改变教育的教学方法，必须构建全方位、全过程的教育模式，积极搭建

育人平台,创新育人方式,提高育人能力。坚持理论与实践相结合,努力形成包括上有科学教研和科学管理,下有以实践为基础的向上和向下作用的长效机制。加强高校学生的思想政治工作,切实履行"立德树人"这一根本任务,做到"以人为本"。科学育人是以科学的方式来进行教学,使教学内容与大学生身心发展特征相适应。首先,认知能力和身心特点在不同年龄段的青少年身上会体现出不同的特征,因此,其教学手段也不尽相同。要针对不同年龄阶段的特点采用科学的教学方法,以达到提高教学效果的目的;其次,教育法则是多样的,它包含了知识法则、能力法则和伦理法则。三者都是必需的,不能以一种法则取代另外一种法则。总之,科学教育的目标是培育出一支具备优良品德素质和优良政治信仰的后备人才。

二、更新大学生思想政治教育理念

观念决定思路,思路决定出路。行为是理念的最终体现,改革高校思想政治教学的育人理念可使高校思政教学得到有效的发展。新时期高校实施思政课要筑牢立德树人的思想,坚持"以人为中心"的办学理念,坚持"德育为先"的原则,落实"以人为本"的培养目标。

(一)树立"德育为先"理念

"德育为先"是在立德树人维度下进行大学生思想政治工作的根本指导和本质要求。"立德树人","立德"在前,"树人"在后,"立德"方能"树人",当前,高校思想政治教育工作的实施情况直接关系到其能否取得良好的效果。根据研究发现,在新媒体和网络舆论的推动下,大学生的社会信任问题日益突出,对其进行道德认知教育和道德行为规范越发重要。在这一大形势下,需进一步认识到"德育为先"这一指导思想的重要性与紧迫性。

要落实"德育为先"的思想,就必须将德育工作摆到第一位,以德育工作为第一要务,注重思想政治教育中德育的重要性;其次,要在德育方式和载体上进行改革,比如通过对大学生的介绍和引导,使他们积极参与到与国家道德建设有关的德育实践活动中来,提高大学生的思想认识;在解决现实问题时,通过积极响应社会的热门话题,唤起大学生的道德意志;积极开展学雷锋活动、志愿者服务活动等思想政治工作的实践性活动,以推动高校思想政治教育实践工作,促进德育发展。

(二)坚持"促进学生全面发展"理念

高校要同时重视实施德育、体育、美育、劳动教育等工作,使学生达成"修德、立信、博学、求真"的教学目标。要使大学生全面发展,必须先培养他们的人格。人格就是个人特有的、不同于其他个人的总体特点,是具有某种倾向的、稳定的、本质的心理特点的总和,是一个人的共性中最突出的一部分。另外,要促进学生的全面发展,就要发展学生的综合素质和能力,其中包括思想道德素质、身体素质、心理素质和文化素质,这就需要在立德树人过程中尽量营造良好的校园环境和良好的实习环境,为提高学生的综合素质提供充分的发展空间。大学生的全面发展需要大学生承担起实现中华民族伟大复兴的历史任务,因此,大学生思政教育者在进行大学生思想政治教育工作时要密切关注大学生在学习、生活等各方面所面临的困惑,及时为学生答疑解惑,辅导学生切实做好目标规划,最终使学生具有中国特色社会主义的共同理想,树立共产主义的崇高理想。

三、创新大学生思想政治教育的方法

创新大学生思想政治教育的方法是把理论和实际联系起来的一座桥,是理论和实际之间互相转换的媒介。在高校学生的思想政治工作中,要切实落实"立德树人"这一重要内容,必须根据高校的现实情况采取行之有效的措施。

(一)运用法制手段推进育人

当前各个高校想要实现"立德树人"这个宏大的教育目标,就必须把思想政治教育工作纳入法治化轨道,有效提高大学生思想政治教育的严肃性和权威性。

1. 建立表彰奖励制度

学校通过组织各种形式的评选、表彰活动,比如演讲比赛、主题班会等,既可以让学生了解和掌握自己的知识学习程度,又可以鼓励在各种形式的活动中发挥出色的学生发挥榜样的作用。在此基础上,将学生日常的德行表现与期末考评挂钩,从而鼓励学生重视自身的品德教育。

2. 建立引导制度

在学校开展德育工作,可以通过悬挂横幅、设立板报、发放德育读物等措施,让学生在学习和提高自身专业素质的基础上增强自身的道德素质。在此基础上,也要加强对大学生的行为习惯的管理。

3. 制定师德建设规范

"为人师表"四个字很好地概括了教师作为"人类灵魂的工程师"的重要职责,教师不仅是学识和科学的化身,更重要的是要对学生起到道德引领作用。学校要高度重视师德师风建设工作,可以全校上下通力协作,建立师德教育、师德考评、师德激励奖惩、师德监管等师德建设系统工程;相比于道德建设工作,规范体系更是必不可少,所以制定相应的教师道德规范,让广大教师领会师德建设的深刻内涵和重要意义,也是学校工作的重点之一;加大对于师德建设工作结果的考核力度,制定激励措施,用实际的奖励形式督促老师们提升自己的道德;最后,开展教师互评,学生评教,实现师德建设常态化、规范化,从而充分发挥广大教师的育人作用。

(二)运用现代化信息技术手段推进育人

21世纪是一个高度信息化、科技化的世纪,以网络为代表的信息技术与人们的生产、生活紧密地结合在一起,已成为推动社会变革和科技创新的重要力量。美国未来学者托米勒夫认为,掌控资讯及网络的人将会拥有世界。当前,大学生思想政治教育工作是关乎"什么样的人""怎样培养人""为谁培养"的基本问题,必须运用现代网络技术,才能使立德树人这个根本任务得以落实。以"三微一端"(微博、微信、微视频、手机客户端)为代表的网络媒体的发展,以及 3R(VR、AR、MR)等智能技术手段的出现,为大学生思政教育的发展提供了新平台、新手段。

目前,各种新媒体平台如微博、微信、微视频等已经成为高校学生学习、社交、娱乐生活的主渠道。随着时代的发展,各大学纷纷开设微博、微信、微视频等新媒体工作平台,但现实反响情况却并不尽如人意,为此,各大学应采取以下措施:首先,增强微博、微信、微视频等新媒体工作平台的吸引力,利用海报、校园广播、校园期刊、录像等各种传播媒介不断拓展新媒体工作的传播渠道,增强传播能力,实现多位一体、联动传播的全媒体宣传格局。其次,加强微博、微信、微视频等新媒介工作的宣传和指导作用;主动对同学关心的问题作出反应,针对当前的热点问题、思想政治性问题进行独到的、专业性的解读与剖析。同时,各高校要大力推动智慧技术进入校园,利用 VR、AR、MR 等智能化技术提高学生的感知能力,使思想政治教育工作充满活力。

(三)运用文化的力量实现育人

校园文化是大学特有的历史和人文底蕴的体现,是高校突出的时代气息的表现形式,突出了各校的办学特点,是一种亚文化形态。高校校园文化活动是提升大学生文化修养、塑造大学生人格、规范大学生言行等的主要阵地,是大学生思想政治教育建设的一个主要内容。积极、和谐、健康的校园文化氛围是大学"立德树人"的基本使命。为此,高等学校必须以立德树人为基本使命,要加快校园文化建设步伐。

加快校园文化建设必须从几个层面入手:一是要增强文化建设的战略观念,深刻认识到校园文化是学校开展教育实践工作的重要载体,深刻认识到校园文化建设要坚持为大学生成长、成才服务。二是要防止自我封闭,要坚持吸取和学习先进大学的优良文化因素,通过长期的发展,在大学自身的校园文化中体现出若干显著特征,并逐步建立较为稳固的大学校园文化体系,具体体现为在校园物质文化中渗透学校的价值观和精神追求,沿用并完善社团组织的运作方式,举办丰富多彩、五花八门的社团活动,举办校庆活动,传播校园文化,注意培养学生的人格等。三是我国大学在开展校园文明实践中应充分利用校园的物质和文化资源在校徽、校训等领域突出价值观念的传达,大力发展校园文化活动精品项目,促进校园文化活动向着自觉化、多样化、多元化、个性化方向发展;要积极构建"英雄人物"的形象,以典型榜样的影响力来实施思想政治教育,在学校内形成良好的教育环境,从而提高学生对国家和社会的责任感。四是要使高校校园文化环境在思想政治教育中的功能得到充分的利用,必须铭记汲取和超越并进、全面推进和重点突破共行、主导性和主动性相结合的原则方法。

(四)运用榜样的力量实现育人

树立典型的力量是无限的,而在高校思想政治教育工作中更要做到表率作用的最大化。首先,要从正面的表率中培养学生的自觉性。自我教育是通过对人的思维的一场矛盾运动来实现自我反省与发展的过程,对先进的思想和理论产生正面的影响,进而促进其思想道德的良性转化和发展。大学生的优秀榜样的存在,为大学生进行正确、积极的自我教育奠定了一个目标和方向。因此,要充分发挥好典型的示范效应,积极主动地进行教育,以达到提高其教育质量的目的。例如,在开展"党员先锋"活动的过程中,可以通过做报告、面对面交流等形式激励广大普通党员学习其思想和理念。要注重改善教学环境并创造良好的读书气氛,通过学校的广播、报纸等各种形式的媒体来传播先进典型,增强学生见贤思齐、自我改进的自觉性。另外,要按照模范树立的原则,加强对学生榜样的宣传。在树立榜样时,必须注意以下两个原则。

1. 平民性原则

平民性原则既要为大学生树立既有道德引领性又兼具时代特点的平民楷模。教育者应立足实际,选取具有时代代表性的榜样来督促大学生的学习。

2. 相似性原则

所谓相似性原则,是指为大学生树立的榜样不应该和大学生自身有太大的差异,这些相似主要体现在榜样的文化程度、人生经历等方面,既然是用于被学习的对象,那榜样就不应该是摆在神坛上的人物。如张海迪、雷锋等人物都是青年人争相学习的对象,就是因为他们贴近生活实际,同时,他们的精神也具有引领性,榜样的力量才能发挥得十分明显。

综上,平民性原则和相似性原则是高校在树立思想政治道德榜样时必须考虑的两个方面,脱离这两大方面,榜样之谈就会成为一纸空文。

(五) 运用党团组织的力量实现育人

总的来说,高校学生大多数还处于正在走向党的怀抱的路途之中,这时来自党的关怀和培育十分必要。高校党团组织要想做好自己的本职工作,必须做到以下几点。

(1) 坚定不移地守住自己的核心领导地位,着力增强"阵地"意识。无论在什么情况之下,高校党团组织都要坚持高校党政建设工作的领导地位并发挥带头作用。

(2) 开展丰富多彩的党建活动,寓教于乐,在玩的同时将正确科学的思想观念教授给大学生,培养大学生团结进取、开拓创新、求真务实的精神。

(3) 在引领学生们学习党政知识的同时,发挥先进大学生党员的模范作用。随着时代的发展与进步,大学生的思维愈加多元化,僵化不变的教育教学模式已经无法适应时代的要求,所以高校在开展思想政治教育的同时,要时刻关注这个问题,多方面、多层次、多渠道地开展教育工作。一方面,充分发挥党团组织在联结党的政策和高校大学生之间的纽带作用;另一方面,大力弘扬先进党员模范、标兵作用,推动高校教育工作事半功倍地开展。

四、加强大学生思想政治教育的队伍建设

古人说:"工欲善其事,必先利其器。"大学生思想政治教育队伍就是全面贯彻落实党

的教育方针、引领社会主义办学方向、推动大学生思想政治教育发展的一件必不可少的武器,因此,打造素质过硬的大学生思想政治教育队伍至关重要。

(一)坚定思想政治教育者的政治信仰

理想信念是一个人前进的不竭动力,同时也是推动个人实现奋斗目标的重要支撑力,个人政治信仰的坚定必须以其拥有正确的理想信念为前提。信仰是指一个人极其信服的东西,它可以是一种思想观念,一种价值取向,或者是另外一个具体的人。信仰一旦存在,就具有根深蒂固的特性,很难将其改变。因此,我们必须树立科学的、坚定的政治信念,做坚定的马克思主义者,树立良好的教学榜样,引导学生的"正能量"发展方向。大学生思想政治工作者必须坚持用发展马克思主义来改造客观和主观两个方面,要坚定政治取向,培养科学的思想方法,要以马列主义、毛泽东思想、中国特色社会主义的学说和习近平总书记的一系列重要指示为指导,进一步强化自身对这些思想和理论知识的把握和系统学习。

(二)提高思想政治教育者的综合素质

作为高校学生的思想教育实行者,大学思想政治教育工作者要直面一张张青年的脸庞和渴望学习的目光,所以,思想政治教育人员的思想政治素质、知识结构、组织领导能力等问题,直接影响着高校思想政治教育的成败,也决定着高校是否能够为我国的社会主义事业发展提供一批优秀的人才。因此,如何在新的环境下加强高校思想政治教育者的综合能力就变得非常关键。具体如下。

1. 政治素质

较强的政治素质与政治修养是对思想政治教育者最基本的要求,它要求教育者有敏锐的政治嗅觉和较高的政策领悟能力,并能将党和国家的方针政策及时、准确地传达给在校的大学生。

2. 思想道德素质

思想道德素质,就是指思想政治教育者自身具有的科学观、优秀道德素质和高尚道德境界三个方面,并根据时代和社会发展的需要不断为其注入新鲜血液。在教学过程中,教育工作者应向学生传达积极的思想,鼓励大学生认真学习、认真生活、端正态度,为培养"四有青年"而努力。

3. 知识素养

当前,我们正处于一个信息大爆炸的时代,诸多信息让我们眼花缭乱,同时也在激励着大学生去追求真理。因此,高校思想政治教育者只有不断提高自己的知识素养,广泛涉猎,才能满足学生对知识的渴求。思想政治教育工作者一方面不能疏于本职工作,要努力钻研专业学科知识,提高专业教学能力和水平;另一方面,还应掌握与思想政治教育相关的各学科知识,融会贯通。

（三）完善大学生思想政治教育队伍的培训体系

大学生的教育工作具有自身的特殊性和规律，单靠一股热情是不行的，这不仅需要教育者具备较高的道德素质、政治素质和思想素质，还需要思想政治教育者将在心理学、教育学等领域所学的内容于教育教学实践中不断地渗透。要基于大学生思想政治教育队伍的活力、求知欲、上进心、学习能力强的现实情况，制订出一套科学的师资培训计划，建立系统化、规范化、专业化的培训制度，真正实现对学员的全面培训；对在培训中成绩优异的教师进行精干培训，通过校内基地培训、校外实践考察、集中交流学习、灵活利用载体等方式，不断提升思想政治教育人员的专业素质，使其专业化得到发展，提高其工作效能和工作活力。

（四）建立健全大学生思想政治教育队伍的保障机制

充分解决思想政治教育者待遇问题的关键是保障思想政治教育队伍的内部稳定。当前，思想政治教育队伍流动性很大，其主要原因在于任务繁重、工作压力大、待遇低、社会认可度低等。这些问题的存在，对高校思想政治教育队伍的凝聚力和战斗力有极为不利的影响。基于这样严峻的现实状况，高校管理者应该对思想政治教育工作者的工资待遇、保障制度、发展空间等方面予以适当的倾斜。同时，发挥社会舆论的作用，弘扬思想政治教育工作的奉献精神与进取精神，着力提升社会认可度。只有在生活保障、情感关怀两大方面都做到尽量完善，才能增强高校思想政治教育者在生活上的安定感、工作上的成就感、政治上的满足感，才有助于维护教师队伍的稳定性。

值得注意的是，要想保持高校思想政治教育队伍的稳定性，单单靠教育者自身的使命感、责任感和奉献精神是远远不够的，唯有源源不断地为队伍注入新鲜的血液，让队伍永葆活力和青春，才是长久之道。为实现这一目标，就要从源头上疏通这支队伍的进出渠道，守好进出大门。一方面，让真正优秀的教育者能够顺利地走进来，充实教师队伍；另一方面，还要做到出得去，让不适合或者不愿意从事这项工作的人员到适合他们的工作岗位上去。在实践中，采取实践性、流动性、稳定性三者结合的办法，建立健全科学的流动机制，做好思想政治教育者的调整和调配计划，确保思想政治教育队伍在"相对稳定"中健康发展[1]。

第三节 "以人为本"理念在大学生思想政治教育中的创新

一、"以人为本"在大学生思想政治教育中的重要意义

中共中央、国务院最近发出了《关于进一步加强和改进大学生思想政治教育的意见》（简称16号文件），鲜明地提出各高等学校要坚持育人为本、德育为先，把人才培养作为根本任务，把思想政治教育摆在各项工作的首要位置，在实施中要做到一个坚持，即坚持以人为本。

---

[1] 雷倩. 大学生思想政治教育保障机制研究[D]. 武汉：华中师范大学，2016.

(一)"以人为本"的理念有利于提升大学生素质

1. 引导大学生提高思想觉悟

大学生是社会进步、时代发展的承载者,因此大学生要具有较高的思想觉悟,具有高度的爱国主义、集体主义、社会责任感和担当意识等优秀品质,才能承担这一重任。"以人为本"的指导理念强调大学生的全面发展,要实现大学生德智体美劳等方面的全面、科学发展,将大学生培养成为社会的中坚力量。在教学中融入以人为本的理念有益于调动学生的参与度,例如,在课堂讨论过程中大学生能够各抒己见畅所欲言,充分表达自己对某一社会事件的看法,从而能够吸收他人的正确观点,获得思想觉悟提高的正能量。再如,在实践教学活动中组织大学生开展社会实践,大学生亲眼看到孤儿、老人、贫困地区的现实生活等社会现实后能够增强大学生的责任意识和担当意识,还能够激发大学生的自我成长意识,从而有助于大学生思想觉悟的提高。实现大学生思想觉悟的提高是高等教育的教育目标,是"以人为本"先进理念的核心内容之一,因此,坚持以人为本,有利于提高大学生的思想觉悟。

2. 引导大学生丰富知识素养

青年人肩负着推动社会进步和时代发展的重任,在当下,他们要领导大众创造出大量的物质文化产品,为提高大众生活质量、提升大众生活品位做出卓越贡献,因此,大学生作为青年人的代表群体,不但要博览群书、通晓古今,还要具有较高的专业知识,能够在将来发挥自己的专业技能,能够通过自己的专业知识走向事业的成功。所以,教师要引导大学生在高校学习期间积极进行课堂学习和课后自主学习,为大学生安排仁者见仁、智者见智的时事问题,让大学生在课堂讨论中各抒己见。教师要善于把握教育时机,引导大学生分析问题、解决问题、理论联系实际,提高大学生自主学习的能力。教师还要善于进行评价,全面、客观科学地分析、评价每一位大学生的见解,借助"言为心声"获取大学生的思想动态,为丰富和提高大学生的知识素养而提供针对性和科学性较强的教学策略。而以人为本中"因材施教"等具体方法更有利于提高学生学习的积极性和创造力,从而引导大学生具有较高的知识素养。

3. 引导大学生累积社会生活能力

"以人为本"的先进理念不但要求实现大学生的全面发展,还努力为大学生打造和拓展教育平台。在教育教学中从多方面开展教育,促使大学生全面发展。课堂教学是大学生思想提升、觉悟发展的主阵地,是教师完成教学任务及实现大学生健康成长的责任田,大学生在师生互动、生生互动过程中互通有无及沟通发展是课堂教学的有益补充。社会实践是高等教育的重要组成部分,是学校组织大学生接受社会教育、开发社会教育资源、提高教育效果的重要形式。社会也是一所大学校,具有正能量的人物事迹也能够对大学生产生较好的教育效果,而且近在咫尺、耳闻目见、触手可及的教育素材能够对大学生产生课堂教学所无法比拟的良好效果,是大学生全面发展、健康成长的宝贵资源。在多渠道的教育下,大学生不仅增加了专业素养,而且增强了社会生活能力、交流能力、学习能力、公关能力、创新能力等。

（二）"以人为本"有利于思想政治教育工作者开展教育

大学生思想政治教育工作是一项非常复杂、烦琐的活动，教师不仅需要利用教材中的正能量对大学生进行思想净化、人格陶冶，还需要立足实际和大学生一起面对成长过程中出现的各类生活问题，将大学生现实生活中的实际问题也当作思想教育工作的活教材，在现场教育教学过程中对大学生积极实施思想教育。

大学生群体的复杂性是当前社会现象的简单缩影，是大学生群体社会化发展的直接体现。思想政治教师应立足大学生群体的实际情况，采取一系列有较强针对性和目的性的教育方式，让大学生在机会教育过程中亲眼看到甚至亲身体验现实生活中的"不和谐现象"，以此激发大学生的同情心和自省心理，引导大学生自己定位和审视个人行为，从而取得较好的教育效果。大学生虽然身心发展已经成熟，但诸多的行为缺陷直接显现出大学生还不够成熟及非常孩子气的一面，比如有个别大学生因恋情受挫而自杀，便体现了大学生思想脆弱的一面，因此需要教师"对症下药"，及时引导纠正。大学生具有较强的可塑性和发展性，只要教师科学引导，就能够在机会教育过程中痛改前非，成为一个有爱心、有责任心的优秀人才。

大学生的心理脆弱性和可塑性决定了此类群体需要更多的关怀和引导，以人为本的理念着重于关怀大学生的个人心理，可以高效地对大学生加以教育和引导，因而以人为本的理念有其必要性。

（三）"以人为本"有利于激发大学生的成长意识

在以人为本教育理念指导下，教师尊重大学生在课堂教学过程中的话语权，给予大学生较多的参与机会、合作机会、探究机会，从而使大学生获得与教师积极互动、表现自我能力的机会和空间，能够有效激发大学生的学习积极性、主动性和创造性。在大学生体验到课堂学习过程中的合作乐趣和成功中的良好情感刺激后，就会形成较好的自主成长意识和自律发展意识，非常有助于大学生的科学发展。大学生思想政治教育工作是复杂又庞大的人文工程，而教师的一切努力只有大学生产生主动悦纳意识后才有意义，因此，在思想政治教育过程中激发大学生的自我成长意识成为当务之急。

在大学生思想政治教育管理的过程中，教师不能只靠"强制管理"的方式去进行思想教育，若只知一味逼迫，则不能产生正向的教育效果。大学生思想教育管理的最高境界是开发大学生内心的自律意识来代替他律方式，让大学生养成自我管理、自我约束的良好意识和成长习惯，教育管理工作自然就会势如破竹、一气呵成。因此，在大学生思想政治教育过程中必须实现"以人为本"，强化大学生在认知提高中的主体地位，激发大学生自主发展和自律成长过程中的积极性、主动性和创造性，真正激发大学生的自我成长意识，实现大学生的科学发展。

二、推进大学生思想政治教育工作的创新

随着时代的发展和社会的进步，传统的教育策略很难在质量和数量上完成大学生思想

政治教育的工作,因此大学生思想政治教育的方法也是需要与时俱进、不断创新并向前迈进的。高校思想政治教育以大学生为中心,做到尊重人、重视人和理解人,才能引起广泛的反响,提高思想政治教育的实效性。

(一)促进大学生思想政治教育观念的创新

当前阶段,对大学生思想政治教育工作提出了更高的要求,教师不应再像传统课堂教学那样简简单单地向学生发号施令。在大学生思想政治教育过程中要不断更新教育观念,积极学习现代教育艺术,摒弃传统守旧的教学模式,不断实现课堂教学的科学化,促进大学生思想政治教育的有效开展。

教师要重新审视师生角色与师生关系。在传统教学中,教师就是课堂的主宰者,居于说一不二的绝对主导地位,而学生是被动接受的被领导者,学生在认知过程中没有任何话语权,只能默默地接受教师所传达的指令。以人为本的理念则要求构建新型师生关系,教师与大学生之间是平等合作、共同探究、互助成长的教学关系。建立新型的师生关系并重新定位师生角色是现代教育理论的要求,也是验证素质教育的需要。教师在大学生思想政治教育工作中要更新观念,主动构建和谐、融洽、温馨的师生关系,这是推进大学生思想政治教育工作的重要元素之一。

教师要重新设定课堂教学模式,彻底摆脱传统课堂教学模式的困扰。在传统课堂教学模式中,教师是课本知识的"搬运工","填鸭式"地将知识强加于大学生,大学生在被动接受中大部分都出现了"消化不良现象"和"厌食现象"。教师在一厢情愿中费力不讨好,简单枯燥的说教活动经常遭遇事倍功半的尴尬局面。古训"授人以鱼不如授人以渔"告诉教师,教学行为不仅要有很强的针对性和科学性,还要注意提升学生的情感体验,注意培养学生的学习兴趣,要善于激发学生主动认知的积极性。只有学生对学习产生兴趣,才会积极思考,大胆探索,从而优化自己的认知活动,促进学习的科学发展。因此,教师在课堂教学过程中要以人为本,关注大学生在学习中的情感体验,立足大学生的身心发展特点和认知规律,努力提升大学生在思想教育过程中的情感体验,并以此形成积极愉悦的学习动机,引导大学生形成自主学习、合作交流、沟通探究、自律成长的良好习惯。大学生的认知能力、理解能力和交流能力较强,教师可以引导大学生主动认知,在课堂教学中多组织大学生进行课堂讨论,通过学生之间的合作、探究、竞争,给予大学生足够多的机会和空间来表现自我、实现自我、提升自我,真正让思想政治教育课堂成为生命灵动与创造的课堂,真正实现课堂教学的人性化和主体化。

(二)推进大学生思想政治教育知识的创新

在大学生思想政治教育工作过程中,教师不但需要高度的敬业精神和奉献精神,还需要具有广博而完善的知识体系。思想政治教育看似简单直接,其实非常烦琐复杂。知识教育是将知识内化为大学生素质体系一部分的过程,而思想政治教育是针对"人"的工作,是纠正大学生思想方面错误意识的工作,如果大学生对教师没有信服感和崇拜感,教师的思想教育就没有感召力和信服力,任何形式的教学行为都会没有实际意义。因此,教师要注意打造良好的个人形象,努力实现"学高为师、身正为范",培养师生之间的信赖感和归属感,让大学生对教师产生强烈的崇拜感,教师的教学行为就会提升感召力和执行力,思想教育才会产生应有的效果。

首先,教师要储备充足的专业知识。广博的知识是大学生对教师产生崇拜心理的主要信息点之一,所以,教师要积极学习,不但要掌握思想教育必需的语言技巧、交流技巧等专业基本功,还要深入研究有助于提升大学生思想政治教育的外延知识,根据大学生的身心发展特点了解大学生的喜好,从大学生喜闻乐见的内容中寻找思想政治教育的信息点,摆脱让大学生被动接受教育素材的传统教育方式的困扰,从而有效提高思想政治教育的课堂效果。

其次,教师要主动寻求与学生的知识交汇点。大学生活泼爱动,喜欢运动,尤其是集体运动项目如篮球、足球、排球等。如果教师是一个书呆子式人物,不喜欢运动,那么,师生之间就会缺少共同语言,教师则无法将以思想政治教育为目的的谈话进行下去,师生之间的兴趣差异、年龄差异、审美差异等都会成为阻碍师生情感交流和思想交流的障碍。如一位喜欢篮球运动的大学生在思想方面出现问题,那么,教师通过篮球运动对大学生进行思想政治教育就会事半功倍。教师可以从篮球运动规则引导大学生形成规则意识和纪律意识,从运动员之间配合助攻培养大学生的团队精神,从技术犯规的判罚标准引导大学生形成礼貌待人、谦逊内敛的做人风格,从教练指导运动员进行战术布置培养大学生的执行能力与服从意识,从流血流汗的篮球基本功训练培养大学生的吃苦精神和坚忍顽强的斗志,等等。如果教师不懂篮球,就无法找到大学生感兴趣的有关篮球方面的话题,更无法将思想教育融合于师生谈话之中,思想政治教育的最佳形式就是以大学生感兴趣的事物为媒介,在师生谈话中潜移默化地"润物细无声"。所以,教师要主动学习,在大学生的爱好中寻找自己的爱好,以此获得与大学生产生共鸣的信息点,有效拉近师生之间的情感距离和心理距离,培养师生间良好的信服感,提高思想政治教育的实际效果。

最后,教师要拓展知识面,拉近师生距离。大学生的兴趣爱好非常广泛,教师也需要有音乐、美术、舞蹈、绘画等方面的知识,才能够和大学生"玩"在一起,才能够"深入大学生队伍的内部",成为大学生的良师益友,最大限度地消除师生之间的年龄差异和时代差异造成的心理差异和兴趣差异,让教师与大学生成为"忘年交",那么,教师在言谈话语中的思想政治教育就会实现"教育隐形百分百",进而能够实现"思想教育的实际效果百分百"。高等教育的最大弊端是缺乏针对性和实效性,教学行为具有一定的盲目性和超高性,所以,教师要积极学习各种知识,与时代特色浓郁的大学生缩短代差,以知识和爱好为媒介,走进大学生群体内部,在倾心畅谈中进行思想政治教育。

(三)推进大学生思想政治教育实践的创新

传统思想政治教育的主流形式就是将课本中的感人故事进行深刻剖析,从榜样人物形象中挖掘思想政治教育的信息点,并以此为突破口对大学生内心世界中的"可能存在的阴暗面"进行善意的"狂轰滥炸",最终实现"有则改之,无则加勉"的教育效果,表现出很强的盲目性和宽泛性。当大学生对一成不变的教学模式司空见惯后,就会对思想政治教育课程产生厌恶心理和应付情绪,思想教育的效果会日渐归零。所以,在大学生思想政治教育工作过程中,教师要实现思想政治教育工作实践方面的创新。

大学生思想政治教育工作要加强实践创新,为大学生进行课堂学习创造出各种各样的参与形式和互动平台,让大学生在合作探究中成为课堂学习的主人。

第一,开展社会实践。教师要引导大学生走出课堂,进入社会进行实践,去敬老院看望老人,为他们表演节目,送去温暖;引领大学生去孤儿院,看望那些缺少关爱的孩子;去陕西黄土高原上看看拉水的马车,明白环境的恶劣。让大学生走出温馨舒适、浪漫轻松的象牙塔,到这些欠发达区域去看一看,能够帮助大学生改正自身的缺点,明白肩上的责任,从而能够取得简单说教所无法企及的课堂效果,将社会印记深深地刻在大学生的思想之中。

第二,借助网络资源。组织大学生在网络平台上建立爱心网站,让有困难的大众留言或直接在线咨询,由大学生团队提供及时帮助。使大学生在爱心网站的具体事务的处理过程中养成并强化他们关心他人、帮助他人的良好道德品质,激发大学生的社会责任感和责任意识,树立为人民服务的远大理想,并引导大学生走上自我管理、自律发展的精英成长之路。

第三,组织社会调查。大学生一般来自祖国的四面八方,教师可以安排大学生利用假期进行一些和当地民风民俗等密切相关的社会调查,引导大学生主动了解社会,加速大学生的社会化发展进程。

三、建构大学生思想政治教育中以人为本的实践模式

加强高校思想政治工作,加强高校思想政治教育改革,是高校思想政治教育工作面临的重大课题。作为学生管理和思想政治工作者,要立足于当代大学生的特点,立足"以人为核心"的观念,拓展思维,拓宽思路,探索有利于学生接受并能帮助大学生有效提升的途径,促进高校学生的思想政治教育工作效能提升。

(一)教育、管理、服务一体化

在大学生思想政治教育工作过程中,教育、管理、服务是教师为大学生提供的主要内容。教师要对大学生进行思想教育和知识教育,告诉大学生真善美的真正内涵及其与假恶丑的本质区别,对大学生进行制度教育、法律教育,培养大学生的规则意识和法律意识,为大学生种下法律的种子,让大学生知法、懂法、守法。教师还要通过许多优秀人物的经典案例进行思想教育,为大学生讲述英雄人物的先进事迹,用充满正能量的生动故事为大学生构建一个充满人性美和正义力量的良性成长氛围,以促进大学生的健康成长。摆事实、讲道理是教师进行大学生思想政治教育的主流形式,也是教师进行思想政治教育工作的主要内容,是教师引领大学生思想提升、觉悟提高的教学策略。教师不但对大学生进行教育工作,还要对大学生进行日常管理。教书育人是教师的光荣职责,而大学生思想政治教育工作主要负责"育人",在这一方面与辅导员或班主任的工作职责稍有重合。如果大学生在课堂教学过程中出现某些不当行为,教师就要以此为教育素材进行现场教育,因为思想政治教育就是教育

大学生"走得正，行得端"。教师在大学生思想政治教育过程中还要为大学生提供一些必要的服务，如大学生在参与课堂活动中需要的简单道具、服饰等物品需要教师帮助提供。教师提供的服务与管理没有明显的区别，如教师在大学生参与课堂活动时维持课堂纪律，这既是管理，也是一种服务。

"以人为本"的理念体现出的是教师在课堂教学过程中退居二线，大学生进而成为课堂学习的主人，教师的教育职能、管理职能和服务职能的界限日益弱化。作为课堂教学导演的教师要为大学生的课堂学习提前设计好活动内容、活动顺序和参与人员等，教师的工作内容很难分清教育、管理与服务的具体性质，三者呈现一体化发展趋势。大学生虽然成为课堂学习的主人，好像是教师的担子轻了，其实，教师所负责的事情更多，比传统说教活动付出的劳动量更大，因为教师不但要考虑到教学任务，还要考虑如何让大学生通过自主学习主动探究完成教学内容，需要考虑课堂活动的具体安排细节以及对大学生的课堂学习进行评价。表面上教师教得少了，但教师幕后需要进行的准备工作却成倍增加，教师的教育行为、管理行为和服务行为都被称为教学行为，难以细分。因此，探索新途径，解决新问题，成为当今高校教育中一个越来越紧迫的重要课题。坚持以人为本，是新时期进一步加强大学生思想政治工作的重要原则。

（二）建立大学生思想政治教育工作的多维评价体系

教学评价按照评价主体可以分为教师评价、学生评价和自我评价。教师评价是指教师站在课堂教学组织者的角度上审视大学生的课堂表现，是知识传输者对知识学习者学习效果优劣好坏的评价，是上级对下级的评价。学生评价是指大学生以知识学习者的角度评价其他大学生的课堂学习效果，评价者与被评价者都是同一级的学习者，是本级人员的互评。自我评价是指大学生对自己在课堂学习过程中的表现和收获进行评价，向教师和同学讲述自己对课程学习、课堂学习和自主学习的自我认识，是被评价者的自评。三个评价主体能够从三个不同角度审视被评价者的课堂表现，因而能够得出较为全面的整体认识和科学结论。

根据教学评价在课堂教学过程中的位置不同，可以分为预期评价、过程评价和结果评价三部分。预期评价是指在课堂活动开始前就对被评价者进行提前评价，评价被评价者要遇到的困难、可能采取的策略以及可能实现的预期效果。预期评价能够评价出被评价者对课堂活动的理解层次和准备程度。过程评价是指在课堂教学中对被评价者的课堂表现和突发灵感进行评价，以影响和提高后续课堂活动，提升被评价者课堂学习的整体水平和课堂效果。结果评价是指评价者以教学目标和教学任务为评价标准，对被评价者的课堂表现及其实际效果进行评价，由于该教学评价在一节课结束的时候进行，因而结果评价能够对被评价者的课堂表现得出较为全面而科学的整体评价。

在大学生思想政治教育工作过程中，教学评价要采取多维度评价的方式，给予被评价者客观而科学的评价。教师要合理利用教师评价、学生评价、自我评价以及预期评价、过程评价和结果评价，多维度、多角度、多层次地审视和评价大学生的课堂学习，肯定大学生的成功之处，指点大学生的不足之处，对于大学生有争议的课堂表现采取暂不下结论的推迟评价。德国教育家第斯多惠认为:"教学的艺术不在于传授的本领,而在于关于激励、唤醒、鼓舞。"[1] 因此,教师还要在教学评价过程中注意自己的评价语言,鼓励多一点,赏识多一点,表扬多一点,最大限度地提升大学生在课堂学习过程中的情感体验,帮助大学生获得积极、快乐、愉悦的学习情绪,进而形成主动认知、自觉发展的良好学习习惯,引导大学生良性发展。

(三)加强大学生心理健康教育,建立专业的心理咨询机构

大学生在成长过程中,在心理上、思想上会出现或重或轻的心理障碍和成长困惑,如大学生离开家庭及亲人走进大学校园,开始独立学习和生活,开始独立谋划自己的未来,从而进入大学生需要面对的"心理断乳期"。突如其来的独立生活使大学生手忙脚乱,非常狼狈,在心理上自然就会产生焦躁不安、郁郁寡欢等不良情绪。大学生还要面对学业问题、情感问题、人际交往问题、恋爱问题等,身体成熟而思想并不成熟的大学生往往会招架不住,心理问题随即产生。因此,帮助大学生及时进行心理调节,尽快打开心结,应对成长困惑、情感问题等,使大学生对外界的人、事、物做出正确而科学的评价,及时清除大学生的心理障碍,显得很有必要。高校思想政治工作者如何有效地将心理教育融入思政教育,探索出一套科学高效的管理模式,已经成为一个必须解决的重大课题。

1. 教师在课堂教学中融入心理健康教育

大多数大学生虽然对心理咨询持有积极肯定的态度与认识,但在寻求心理咨询的行为上却是消极的、回避的,知与行相互矛盾;对大学生进行普及性的心理健康教育是必要的。因此,教师要在课堂教学过程中对大学生进行心理咨询方面的宣传,让大学生明白很多人都可能有心理问题,进行心理咨询是一种正常行为,就像生病了看大夫一样,没有什么"难以启齿"的,更不是丢人的事。另外,教师还要在课堂教学过程中为大学生讲解心理问题产生的根源是什么,外界压力是造成大学生产生心理问题的主要祸根,而心理问题也是现代社会的普遍现象,以此消除大学生的思想顾虑,坦然地进行心理咨询,将心中的郁闷说与他人,让心理咨询老师及时找到病因,尽快帮助大学生解决心理问题,使大学生重新获得往日的快乐。

2. 教师组织形式多样的心理咨询活动

教师组织的心理咨询活动是提高大学生心理素质的重要手段,是大学心理素质教育的有机组成部分。心理咨询教师能够帮助大学生解开心结,舒缓心情,将不良情绪尽快清除,从而帮助大学生实现健康心理。另外,教师还要在大一学生中提前进行心理健康调查活动,主动排查存在心理问题的大学生,让大学生早一天发现,早一天咨询,早一天治愈,早一天快乐。教师更要对大学生进行心理健康自我教育,有效提高大学生自我发现、自我纠正的能力,并引导大学生一起进行相关课程学习,通过强化大学生的基础知识来提高大学生在心理健康方面的自我治疗能力,帮助大学生早日恢复健康生活,全身心致力于学业发展之中,加速大学生早日成才。

---

[1] 张焕庭.西方资产阶级教育论著选[M].北京:人民教育出版社,1987.

3. 学校成立专业的心理咨询机构

大学生只有拥有健康的心理、高尚的觉悟、脱俗的情操才能够成为社会进步、民族繁荣的中流砥柱，肩负起中华民族的复兴大业。因此，高校不但要开展心理健康教育，帮助大学生培养健康的人格，还要成立专业的心理咨询机构，对大学生学习、生活中的思想压力、经济压力、就业压力等影响大学生身心健康的不利因素展开调查，收集相关信息，为了解大学生的思想现状和心理健康程度做好准备。高校要帮助心理咨询机构多组织大学生接受心理咨询活动，及时掌握大学生的心理健康信息，有助于尽早发现并解决问题，减少心理困扰对大学生的负面影响。心理咨询机构更要做好宣传工作，引导大学生明白心理障碍是现代社会大众普遍存在的心理问题，只要经过心理咨询和疏导，就完全可以消除障碍并恢复健康。

（四）营造大学生思想政治教育以人为本的环境

高校环境是大学生赖以成长和发展的土壤，高校人文环境是指学校除硬件环境以外的、能够对大学生各种修养产生实际影响的条件，建设好高校的人文环境，将直接关系到大学生良好品德的形成和发展。

1. 加强校园文化建设

以人为本构建优秀校园文化，是加强大学生思想政治教育的重要途径。因此，如何实现以人为本及增强大学生思想教育效果，就成为摆在高校教师面前一道亟须解决的实际问题。坚持以人为本的教育理念，精心营造和谐校园氛围，使学校的环境与高校教育目标相符合，在提升高校思想教育实效中发挥一臂之力。

（1）以社团活动为载体，促进大学生的全面发展。高校思想政治教育的目的就是要使每一个大学生能够健康成长。教师不仅要引导大学生成为课堂学习的主人，在教学中实现以人为本，还应该引导大学生成为课外活动的主人，在生活中实现以人为本，而社团自然就会成为大学生张扬个性、展现自我、自主成长的发展平台。高校是一个庞大的教育机构，而作为高校基层组织的社团是大学生课外活动的主要场所之一，也是大学生社会化成长的重要基地。社团一般是爱好相同、兴趣相近的大学生集中地点，如舞蹈社团、音乐社团、美术社团、篮球社团、足球社团、轮滑社团、表演社团等，来自全校各系、各专业的大学生来到社团，一起分享共同的爱好。社团活动打破了大学生原有的班级范围，使大学生拥有更多的机会接触其他人群及接触社会，从而帮助大学生得到更多的机会实现社会化发展。大学生的闲暇时间较多，拥有足够多的时间组织各项社团活动，如篮球赛、足球赛、轮滑赛、舞蹈赛、歌曲演唱比赛等文体活动，从而使大学生在组织和参与各项社团活动过程中相互协助、相互交流，有助于锻炼和提高大学生的协作意识、团队意识和创新意识，有助于大学生的全面发展。

课堂教学是大学生思想政治教育的主阵地，而社团活动自然就成为大学生全面发展和思想觉悟提升的辅助平台，是大学生互帮互助、合作创新、健康成长的第二课堂。社团活动使大学生拥有更多的机会与其他系、其他专业的大学生一起交流沟通，一起和睦相处，从而能够锻炼大学生与人交往的能力和沟通能力。当今社会是一个纷繁复杂、瞬息万变的立体交流平台，对现代人的公关能力、交际能力、应变能力等素质提出了更高的要求，而社团活动无疑提前给大学生提供了锻炼个人能力的机会，有效帮助大学生在走上社会以前就具备较好的个人能力，真正实现大学生的全面发展和素质提升，为大学生将来要面对的社会挑战和事业成功做好准备，因此，大学生积极参与社团活动具有非常积极的现实意义。

(2) 加强校园文化建设，构建洁净的网上精神家园。校园文化是一种具有教育能量的潜在教育资源，能够在潜移默化中对大学生的思想发展和健康成长产生积极的促进作用。建设和谐校园文化是塑造大学生的健康人格、提高大学生的思想道德素质、培养大学生的创新能力和实践精神的需要。校园文化建设的目的就是通过营造积极健康的人文环境，提升大学生的道德情操与思想修养，帮助大学生形成积极健康的完美人格，从而有效提高大学生的思想素质。在校园文化建设过程中，大学生是校园文化建设的中坚力量，也是校园文化建设的实际参与者和过程组织者，大学生在形式多样、内容丰富的校园文化活动过程中有效培养个人的兴趣爱好，也在表现自我能力的过程中获得较为愉悦积极的良好情感体验，进而产生主动参与、快乐合作、敢于探究、勇于创新的动机，直接促进大学生组织能力、交流能力、交际能力、管理能力等方面的全面提升，为大学生成为社会精英和国家建设的栋梁之材奠定坚实的能力基础。

校园文化中的网络文化建设是非常重要的内容之一。必须认真分析当前网络环境下大学生政治思想教育存在的问题，并根据网络的特点，要做到以人为本，创新观念，优化网络资源，不断丰富网络文化。现在上网是许多大学生打发闲暇时间的主要途径，然而，良莠不齐的网络信息在帮助大学生获得有益信息的同时，又携带很多不良信息，诱惑和腐蚀着一些自制力较差的大学生的思想与灵魂。因此，少上网、上好网就成为改善大学生上网环境的首选。教师可以组织大学生建立QQ群或微信群，像组织社团一样，有篮球群、足球群、乒乓球群等，将现实版的社团活动转移到网络之上，让大学生在网络上继续进行社团活动，从而让大学生的闲暇时间变得更有意义。喜欢看时事的大学生可以在时事群里或微信里看新闻，从而有效避免了网上不良信息的负面干扰。另外，大学生可以组建班级群，强化本班同学课外的即时联系，一旦有人遇到困难，就会有人出谋划策，从而能够营造出团结友爱、互帮互助、休戚相关的幸福大家庭氛围，真正实现相互关爱、温馨成长。

2. 增加人本教育课程的设置

大学生思想政治教育要从根本上落实以人为本的教育理念，必须重视当前高校思想教育工作中在教育方式、教育机制和教育内容等方面存在的问题，形成人性化、层次化、平等化、个性化和人格化的教育观念。

(1) 打破传统的人本教育模式，增加经典导读课程。在传统思想政治教育过程中，课程设置明显理论化，教学内容中经常出现与大学生时代差异较大的一些优秀人物的光荣事迹作为教育素材对大学生进行思想教育，而大学生往往以半信半疑的心态去学习，教育效果并不理想。如书写学习心得是传统人本教育的重要信息反馈方式，而大学生也经常在"纸上谈兵"中言不由衷、编造故事，导致反馈信息的虚伪。因此，传统人本教育忽视了大学生的认知特点和发展能力,缺乏必要的针对性、时代性和科学性,没有利用当代社会的"鲜活"教育资源为大学生提供非常宝贵的思想教育素材,从而降低了思想教育课程的实效性。

教师应以经典文本阅读为中心进行导读教学,并教会学生阅读的方法,指明领悟文本内涵及实践文本精神的途径,尤其应注重精神的历练与思维的操作实践。国学经典是中华民族传统文化的优秀代表,教师应该引导大学生多读书,读好书,尤其是国学经典系列的图书。大学生的阅读能力、理解能力较强,非常适合多读书,读书就是同伟人交谈,能够凭借伟人的视角帮助大学生看清世事,能够在伟人的人格魅力的影响下净化大学生的思想境界,从而在潜移默化中有效提高大学生的觉悟认识。在阅读经典过程中,大学生能够从经典文本研读中获得思想、智商、情感方面的启发与带动,在经典文本承载的优秀精神感召下深刻自省自检,从而实现个人的发展。读书虽然不能取得立竿见影的速效作用,但是经典文本中的优秀精神财富会在潜移默化中一点点影响大学生,使大学生慢慢转变,逐渐走向成熟。

(2) 利用课程中的人本因素,营造教育教学的人本氛围。在大学生思想政治教育工作过程中,教师应积极开发人本教育课程中的人本因素,让"以人为本"的观念深入人心。大学生是教学活动的实施者和体验者,是教师教学意图的实践者,在此过程中可把教师比作自助餐厅的老板,为大学生的自主学习和合作探究准备好各种食材和工具,然后教师就退居二线,大学生就成为食材和工具的主人,开始利用教师准备好的食材和工具制作各种自己爱吃的食物。其实,无论大学生如何制作自己喜爱的食物,都会吃掉教师准备的食材,都没有脱离教师划定的活动范围。所以,在思想政治教育过程中,教师经常利用优秀人物的光荣事迹教育和教导大学生应具备的助人为乐、扶危济困等优秀品质,简单地说,如果教学活动无法使大学生真正接受,教师可以让大学生通过角色扮演将优秀人物的经典案例表演出来,让大学生在活灵活现的经典案例中进行现场分析及讨论,因而能够取得较好的效果。让大学生积极参与课堂教学是构建人性化课堂的首选途径,是实现大学生学习主体地位的必然形式。

大学生是课堂学习的主体,这一观点已经达成共识,大学生的身心发展已经成熟,拥有足够强的自学能力、合作能力和探究能力,因此,大学生完全能够凭个人能力成为课堂学习的主人,教师应该大胆放手。在大学生思想政治教育过程中,教师要积极向课堂教学的"导演"转型,为大学生的课堂活动制定好表演内容、活动顺序、时间安排、活动要求等项目,为大学生提出参与课堂活动的具体要求,让大学生保质保量地完成各项学习活动。此时教师就像导演一样即时关注大学生的现场表演,将大学生课堂扮演过程中存在的问题记录在心,为以后课堂活动要求的制定提供足够多的参考信息。大学生在参与课堂教学过程中,心情愉快,大脑处于亢奋状态之中,因而对课堂活动的记忆效果较好,也能够达到深层次理解,从而为大学生思想政治教育课堂效果的提升奠定坚实的基础。

第四章 大学生思想政治教育的方法创新

第一节 大学生思想政治教育方法创新的遵循原则和认知概念

一、优化和发展大学生思想政治教育方法应遵循的原则

(一)保证认知结构动态性与稳定性相统一

大学生的认知结构是一个开放的、动态的系统,开放着的认知结构的每一个子系统及其构成要素都有其独特的功能与作用,都包含着无限发展的可能性。而认知结构作为一个整体,则处于与外在的客体系统和外部环境交互作用、交互影响的过程之中,并在此过程中不断调整和改变着自己。认知结构总是受到存在于其中的社会文化与习惯传统的影响,形成一种动态的自我塑造与自我改造过程。在主体的认知结构与外在的客体信息的互动过程中,如果客观信息符合主体已经具有的认知结构,则主体就会自然地以自己的认知结构去同化客体信息,使之符合自己的理解与思路;与此相反,如果客体信息无法与主体的认知结构相符合,客体信息因其被动性特质而不会主动改变自己以适合主体的认知,只能是主体在认知客体的过程中主动改变和调整自己的认知结构,以实现对客体的有效认知,最终形成主体与客观之间基本统一的认知关系。这一认知结构永远处于动态的发展过程之中,主体的认知结构随着外在客体世界与信息的变化而主动调整着自己,使主体的认知能力与认知水平不断提高,不断获得新的知识与新的经验,提升主体认知世界和改造世界的水平与能力。

大学生学习思想政治教育本身是动态的学习实践过程,思想政治教育内容的增加必然引起思想政治教育知识结构的扩充,知识的丰富使原有认知结构更加完善,以备接受更新的思想政治教育内容,这体现了大学生思想政治教育认知结构的动态性特征。但需要注意的是,认知结构的动态发展并不是无序的,更不是混乱的,而是在其动态发展之中保持着一种内在的稳定性,即实现认知结构各要素之间的有效协调与关系平衡。在认知结构的发展中,其各构成要素之间只有稳定平衡,才能有效协调成一个整体。只有建立相对稳定的认知结构,大学生才能接受思想政治教育内容,才能实现既定的认知目标,从外在世界的纷繁变化中把握到事物的本质,不为现象所迷惑,将现象界的感性认知提升到本质界的理性认知。

(二)提高思政认知的系统性与灵活性相统一

思政认知的系统性十分重要,系统的整体功能可以实现"1+1>2"的效果。而系统的

整体性功能发挥又依赖于其构成要素的具体功能发挥及其彼此间关系的有效协调,这就对系统内部各要素之间的组成方式提出了特殊要求。合理的组成方式既可以让各要素充分发挥自己的功能和作用,又能实现各要素之间关系的有效协调,形成各要素相互协作、共同作战的整体效果,将系统功能发挥到极致。相反,不合理的组成方式会限制各要素功能的有效发挥,也会使各要素之间形成相互掣肘的矛盾与冲突,使系统功能无法有效发挥,甚至会出现系统崩溃的悲剧。

思政认知系统的有效性依赖于系统要素之间的整体协调,而这种整体协调不是固执的、僵化的教条或调整,而是按照系统的整体性要求进行适时、适当的有效调整,这就需要注重系统调整的灵活性。系统要素之间的关系不是僵化不变的组合关系,而是随着时空境遇的变化而处于不断调整之中,如果不及时调整,就会影响系统功能的有效发挥。对于大学生思想政治教育认知结构的功能发挥,在强调系统性、整体性的同时,还要注重灵活性,同一内容可以选择不同的载体、不同的学习策略;当然,同一载体、同一学习策略也可以用于不同的内容,要灵活地对内容、载体、学习策略进行不同的组合。思政认知中各要素的有效协调与灵活变化对于认知过程的顺利展开与思想政治教育结果的好与坏起着决定性作用。

(三) 把握大学生思想合规律性与合目的性相统一

思想合规律性与合目的性始终是人类活动要遵循的两个基本原则,大学生思想政治教育方法的优化也要做到二者的统一。合规律性是要求认知主体要尊重外在世界发展变化的客观规律,客观规律是不以人的主观意愿为转移的,是客观世界对主观世界的限制。合目的性是认知主体总是带有自己的目的去认知客体,希望客体能够满足和实现自己的需要,正如马克思所说:"动物只是按照它所属的那个种的尺度和需要来构造,而人却懂得按照任何一个种的尺度来进行生产,并且懂得处处都把固有的尺度运用于对象。"[1] 人总是按照人的尺度和需要来认知世界和改造世界。而在认知外界事物的过程中,认知主体总会受到来自自身的各种因素的影响和制约,这些因素的有机统一即构成了主体的认知结构。认知结构首先决定着主体对客体的选择和把握,主体要认知什么样的客体,能够认知什么样的客体,这首先依赖于主体具有一个什么样的认知结构。在人的主观世界中,人是以观念的方式来理解和把握客观世界的,而这种理解和把握正确与否、合理与否,就决定着现实生活与实践中的成败得失,决定着人们对真善美的判断与选择。

在人的通常性认知判断之中,"真"就是对规律性的客观要求,"真"首先是对外在事物发展的客观规律的承认和遵守,这就是一个客体性的尺度,不是人能以自己的主观意愿加以改变的。人只能发现和利用规律,而不能创造和改变规律。而"善"则是一个主体性的尺度,善恶都是对人而言的主体性价值判断,自然界的存在无所谓善恶问题。所以"善"的本质是主体以自己为价值评判标准而提出的利己性原则,有益于己的认知结果为善,否则为

---

[1] 马克思,恩格斯. 马克思恩格斯选集:1卷[M]. 中共中央马克思恩格斯列宁斯大林著作编译局,译. 北京:人民出版社,2012:57.

恶。"美"就是"真"与"善"的统一,就是客体性尺度与主体性尺度的统一,就是合规律性与合目的性的统一。

对大学生进行思想政治教育,必须按照大学生自身的身心发展规律和认知发展规律进行,在内容、载体、学习策略等方面要符合大学生的认知发展水平。人生会经历一个从稚嫩到成熟、从低层次到高层次、从简单到多彩的过程,个体认知水平的差别在认知发展的不同时期表现明显,个体对思想理论及知识的表达方式特征并不相同。在大学阶段,在感性经验的直接支撑下,大学生的抽象逻辑思维开始发展,他们表现出对事实进行生动形象的阐释说明与对思想理论的获得同时产生需求,此时的大学生认知结构已经由经验型形象思维向理论型的抽象思维提升和转化,从而对真理与理性产生强烈的兴趣与热爱,成为认知结构发展转化的重要时期。

在大学生思想政治教育方法优化和发展的过程中,会呈现出合规律性与合目的性两个原则的差别和对立,这深刻体现了大学生思想政治教育过程的矛盾性。马克思主义哲学认为矛盾是普遍的,正是矛盾的存在和发展,才推动了事物的存在和发展。在优化大学生思想政治教育方法过程中,存在着社会环境与教育要求之间的矛盾、教育者与社会要求之间的矛盾、教育者与受教育者之间的矛盾、思想政治教育要求与受教育者之间的矛盾等。这些矛盾客观上会造成大学生认知结构发展与认知活动过程中的障碍,但在另一个层面上,这些矛盾的存在也推动着大学生思政结构的转化与思政活动的深入发展。合规律性与合目的性的矛盾不断出现又不断解决,才促成了思想政治教育结构的发展,也促进了人类文明的进步。

(四)重视精准供给与有效需求相统一

随着社会主要矛盾出现了新变化,社会基本需求由追求物质文化需求逐渐向追求物质生活的高质量和精神生活的高品位转化,无论从价值目标、教育过程还是从教育手段上间接或者直接影响着大学生的思想政治教育。就思想政治教育内部而言,教育主体和教育客体之间存在有效供给与真实需要之间的矛盾。大学生有着越来越强烈的"互动""参与""获得"等的需要被满足感。

基于此,大学生思想政治教育之美好需求与有效供给之间存在着不平衡和不充分的矛盾。大学生美好需求与有效供给之间的不平衡表现为"要"与"给"、虚与实、情与理等方面,大学生美好需求与有效供给之间的不充分表现在思想政治教育主渠道对时代话语的供给、思想政治教育主阵地对思想的有效渗透、思想政治教育主战场对文化场域的建设等方面。新时代面临着新问题,思想政治教育的主体与客体之间也必然会产生新的矛盾,直面这些问题和矛盾,分析和解决问题正是新时代思想政治教育要承担的时代使命和任务。大学生思想政治教育方法的优化必须秉持精准供给与有效需求相统一的原则,以新时代、新理念为引领,对焦思想政治教育目标的新靶向,充实大学生思想政治教育新内容,在"变"与"不变"中主动调适和把握大学生发展新需要,切实有效地解决思想政治教育供需不平衡、不充分的矛盾,使思想政治教育达到理论性、思想性、针对性和感染力、亲和力的有机统一,将立德树人落到实处。

在课堂教学中,要针对不同的大学生特质采取不同的教学方法,尽量满足大学生的不同需求。针对不同的大学生认知风格选取不同的教育策略,针对大学生不同的学习喜好选取不同的教学方法。在教学内容上,一方面要注重教学材料的细节,为大学生创造自主学习的机会,提升大学生的参与性与兴趣度,鼓励大学生自主创新,独立思考,发挥自己的特长;另一方面,又要注重教学的整体性与统一性,使教学内容与教学计划整体有序,有条不紊,完成既定的教学目标,实现理想的教学目的。在整个教学过程中,思政课教师无疑发挥着主导作用,在服务及培育大学生的同时,也要注重自身的发展,自主选择最适合自己的教学方式与教学方法。

二、优化和发展大学生思想政治教育方法的认知概念

如果没有完善、系统的思想政治教育方法,大学生对思想政治教育新信息的接受就会受到极大限制与阻碍。思想政治教育方法的完善是学习和接受新知识的前提,没有相关的知识基础与文化背景,就无法理解和接受新的知识与理论,造成理解与认知的困难。思想政治教育的方法优化可以帮助大学生了解其思想政治体系中的不足,并促使教师通过相应的教学方法和策略,调整并改善其教育方法,提升其认知能力,使其能更加准确和系统地理解和把握新知识、新理论。

(一)加强知识联结、优化认知结构

首先,思政课教师要立足教材认真备课,有效理解和应用教材内容,建构学科知识结构。大学生的思想政治教育认知结构是在教材内容进入视觉感官感知的基础上,经知觉在头脑里形成主观映像的一种心理结构。不同的人对教材内容进行理解和应用时建立的心理表征不同,教师能使事物之间的关系与现实问题结构中的关系相对应,而大学生则不然。要构建大学生良好的思想政治教育认知结构,需要教师在教学活动中下功夫深入钻研教材,掌握各知识点的逻辑脉络及其内在联系,搭建书本知识架构网络,同时深入了解大学生真实的学习思想政治教育动机、学习态度等方面的思维活动,深谙并遵循学生认知规律,开展系统的教学准备,设计并构思教学内容,组织教学手段及方法,做到思路清晰、脉络清楚、层次分明、详略得当、重点突出,这样有条不紊地设计并开展教育教学,才能有利于引导大学生自主自觉加入学习。这就对教师备课提出更高的要求,既要立足教材,又要有效理解和应用教材。教材内容并不完全等同于教学内容,教材所呈现的知识结构是由一系列的概念、原理和规律所构成的,要以教师的教学设计为中介,才能更好地转化为大学生的认知结构。教师不仅要认可并钻研教材,剖析教材的重点、难点,还要特别注意教学内容中隐含的思想性,更要关注新知识和原有知识的关系,也要关注大学生原有知识的掌握程度与水平,了解他们原有的认知结构,准确预测大学生对新知识的需求、学习中将会遇到的困惑和情感状态,才能设计出更适合于学习的教学设计,也才能创造性地"教",将结构化的知识清晰呈现出来。

学科知识结构是由很多内容构成且逻辑严密的有机整体，意味着绝不可采取孤立传授知识的教学方式，因其无法建立层次分明且保持互相紧密联系的教学理念。教师凭借恰当的方式呈现和表达学科知识的结构化，或者教师教会大学生运用适合的方法整合知识，这样会使学科知识的结构化表征在大学生头脑中更加清晰，更易于促使大学生合理认知学科知识。因此，教学中应把新知识整合进原有的观念系统中进行通盘考虑，重组各部分知识点，这样就既便于存储知识，又便于日后检索、提取知识。

教师在教学中同时要教给大学生"纽结"（知识点），送给大学生织结的"线"（知识结构），教会大学生如何找"线"、如何编织（形成知识结构的方法）。换言之，教师既要帮助大学生找到成金之"石"，又要让大学生清楚成金之石需要哪些"点"，更要教会大学生运用点石成金之"术"。所以这就要求教师在教学过程中应全面掌握大学生已有知识状况，遵循大学生知识结构、认知规律、掌握知识的特点等，要找寻解决新问题的方法。教师要根据大学生的认知规律及时归纳、总结已授知识，以组块的形式将零散的知识内容嵌入大学生的知识结构并使其愈加强大。大学生一旦遇到亟须待解的问题时，可以准确激活存储系统中某一记忆知识框架和抽象表征，形成针对此问题的正确的表征，从而使问题迎刃而解。教学中还要激发大学生的兴趣，调动他们的主动性、积极性和创造性，搞清楚自己所习得知识的真正价值和意义，从而帮助大学生不断优化知识结构，并达到提高思想政治教育效果的目的。

其次，加强教师培训，打破条块分割，在马克思主义整体性中加强知识横向联结。要想呈现结构化的知识，教师不仅要注意同一学科各知识之间的联系，同时还要把握各门思政课程之间的关联，把握思政课程整体的知识结构。随着世界经济、国际局势的日新月异，伴随着社会的思想观念、就业形势、利益关系等方面的不断变化，高校思政课程的改革也在不断深入推进，马克思主义的整体性作为一条逻辑主线贯穿于各门思想政治课程当中，将马克思主义宗旨贯彻于整个思想政治课的教学过程中，从而使各门相对独立的思政课程形成一个整体的有机系统。

"马克思主义基本原理概论"是大学生思想政治教育的基础，是以马克思主义为指导，是中国当代思想文化发展的核心指导原则。"毛泽东思想和中国特色社会主义理论体系"是思想政治教育的重点，其内容是马克思主义普遍原理同中国不同时期社会实际相结合产生的理论成果。"中国近现代史纲要"是思想政治教育的主线，以历史为线索，主要勾画出近现代中国的历史命运以及马克思主义理论传入中国并为中国人民所接受的历史脉络。"思想道德修养与法治"是思想政治教育的落脚点。各门思政课程不仅有自己的知识结构，同时又与其他课程紧密相连，共同构成了思政课程的整体知识结构。因此，要加强对思政课教师的培训，打破原来的各门课程的条块分割，掌握思政课程整体的知识结构。四门课程学科定位不同，教学过程中教师必须把握住各门课程的性质，合理定位，因"材"施教；同时还要引导大学生把握马克思主义的整体性，在加强知识的联结中不断优化大学生思想政治教育方面的认知结构，提高大学生的思想道德素质。

最后，搭建教师交流平台，在推进大中小学思政课一体化中加强知识纵向联结。在推进大中小学思政课一体化建设方面，教育部应该完善思政课程教材体系。"课程设置要相对稳定,坚持大中小学纵向主线贯穿、循序渐进,各类课程横向结构合理、功能互补的原则"[1],从小学、初中、高中到大学,遵循不同学段学生的不同教育教学规律和认知规律,经由"启蒙道德情感→打牢思想基础→提升政治素养→增强使命担当"等过程,如此循序渐进及螺旋式上升地推动大中小学一体化课程体系建设[2]。同时积极支持各省、市在"落实、落细、落地"上下功夫,通过开展一体化思政课教学论坛、集体备课、主题学习实践活动等,逐步建立、健全思政课教育教学一体化培育机制,做大做强一体化教学科研平台。通过搭建平台及相互交流,使高中政治课教师和大学思政课教师转变教学观念,优化教学模式,推动教学创新,实现这两个阶段的思想政治课程的完美衔接。高中政治课教师将素质教育观念融入教学过程中,大学思政课教师在对高中政治课教学情况熟悉的基础上调整教学内容,避免重复,双方齐心协力做好衔接工作,提升教学质量,共同培养学生立德立志、成人成才。完善的认知结构需要大学生有良好的知识结构,思政课教师首先要掌握学科及思政课程的整体知识结构,同时对大学生原有的知识结构要有所了解和掌握,然后通过合理的教学设计和方法,使大学生对所学的知识进行重组,把原有的知识系统化、网络化、简约化。同时,思政课教师要掌握关于载体、策略、辩证思维等方面的知识,在教学中要力争使大学生所学的思想政治教育知识系统化、模块化,加强知识间横向和纵向的联结,完善大学生思想政治教育认知结构,提高学习的质量。

（二）元认知能力优化

元认知是认知主体审视自我,对自我的身心状态、认知能力、任务目标及认知策略等进行认知和把握,这需要认知主体的高度自觉,是以自我的认知过程和认知结果为对象。以对自我的认知活动进行调节和监控为外在表现的认知,与认知能力有着本质的区别,是更高级别的能力,是认知策略必不可少的组成部分。在学习过程中,思政课教师可以教给大学生使用许多不同的策略,但如果大学生自己缺少必要的元认知,则不知道在何种情况下使用哪种策略,那么就不会是有效的学习,起码不是高效的学习。正确运用元认知是大学生突破自身思维僵化的有效手段,是大学生实现由"他控"向"自控"转变的重要突破口。元认知的差异是影响大学生思想政治教育效果的重要因素,这就要求教师在思想政治教育方法优化过程中要善于唤醒大学生元认知意识,引导大学生自觉主动地丰富元认知知识,加强元认知体验、监控与调整,以提高元认知能力,从而提高大学生的思维能力,培养良好的思维品质。

首先,激发大学生的元认知自我意识。高校思想政治教育中,大学生的元认知自我意识较薄弱。在大学生的自主学习过程中,他们逐步地产生了自我意识。但是,在很长一段时间里,应试教育中教学的程序都是根据教师"如何教"进行安排的,学生要习惯教师"教",而

---

[1] 习近平. 思政课是落实立德树人根本任务的关键课程[J]. 求是,2020（17）.
[2] 中共中央办公厅国务院办公厅印发《关于深化新时代学校思想政治理论课改革创新的若干意见》[EB/OL].（2020-11-10）. http://www.gov.cn/zhengce/2019-08/14/content_5421252.htm.

不是发展自己"学"。所以,要提高他们的元认知能力,就必须唤起他们的元认知自我意识。在大学的教学中,传授知识的教学目的固然重要,但绝不是单一的目的。教育的任务并不仅仅是教授知识,而是要让他们从"学会"到"会学",从"要我学"变成"我要学",最终成为可以独立学习、终身学习和有效学习的人。教师应尊重大学生的主体地位,根据大学生身心发展规律和思维水平对大学生元认知进行指引和启发,积极主动地培养和强化大学生的自我意识,引导大学生明确目标并做好自主规划,鼓励和激发大学生在学习活动中运用元认知做出有意识的、自觉的行为。

其次,丰富大学生元认知知识。大学生是否拥有丰富的元认知知识,对于其元认知水平的提高有着极大的影响。掌握丰富的元认知知识是提高元认知水平的基础,大学生掌握的元认知知识越多,元认知水平提升得就越快越高。大学生思想政治教育的元认知知识包括对影响大学生接受思想政治教育的因素及相互作用的认知,还包括大学生接受思想政治教育所需的技能、认知策略及来源的认知。大学生思想政治教育的元认知知识具体可以概括为:一是大学生对自身的认知和了解,如自己的学习习惯、兴趣、爱好、能力,自身认知结构存在的缺陷,自己的认知风格与同学相比存在的差异,自身的认知水平,等等;二是对思想政治教育学习材料的认知,如学习材料的性质、结构性和逻辑性,认知目标和学习任务的难度,等等;三是思想政治教育学习策略及使用方法的知识,如有哪些认知策略,每种认知策略有哪些优缺点,在何种条件下使用何种策略,等等。

再次,加深大学生元认知体验。思政课教学是一个求真、向善、向美的过程,因此在思政课教学时教师在传授元认知知识的过程中,如果能够运用创设问题情境等方式,使大学生对元认知知识有所体验,最好不断提升大学生对元认知体验的精确度,就可以激发大学生高尚的思想道德情感,引起他们真善美的和谐共鸣,提高其元认知水平。客观世界的不断变化导致情境随之发生变化。在新情境之中,可能会出现部分大学生认知冲突的现象,已有的认知结构与新出现的问题难以联结,这是由于现有的情境教学在一定程度上忽视和缺少对于认知的本质和要素的了解,所以引发大学生元认知效果不好且水平不高。运用元认知策略进行指导,调整原有教学情境,改造元认知环境,科学开发并合理利用各类教学情境资源,是丰富大学生元认知体验的首选措施。可以适当调整教学情境,改造原有元认知环境,营造新的"学习场",对大学生进行元认知的训练,使大学生克服认知策略应用性缺陷,加深大学生的元认知体验。

对大学生进行元认知训练可以考虑从如下几个方面着手:一是让大学生明确相关的学习目标与活动的知识;二是设法引导大学生对自己认知活动的特性有充分的认识和了解;三是具体指导大学生在特定的认知活动过程中反复练习,引导大学生认真体会并适时调节、监控自身的认知活动,以此为基础累积相关经验。需要强调的是,在元认知的学习和训练过程中,侧重点不是知识而是策略,并且训练要注重具体化、外显化,必须在一定的教学情境中训练,突出条件化知识并防止应用性缺陷。应依据大学生的认知实际,在具体活动与情境中进行元认知训练,切忌与实际脱节而流于枉谈。教师要转换思维角度,立足于大学生,注重大学生的体验,改变传统的教学方式,为提高大学生的学习实效提供具体、高效的帮助与支撑。

最后,增强大学生元认知自我监控。大学生正处于世界观、人生观、价值观形成和发展的关键时期,面对纷繁复杂的形势,在新的考验面前,分配难以平衡,而且意志力相对薄弱,达不到有效自我控制与自我调节的程度,这时就需要外在的他人进行控制与调节。需要强调的是,在新形势下意识形态领域出现了一些错误思潮,社会上出现诚信缺失、道德失范的现象,因此更需要对大学生进行直接的督导。高校思想政治教育就是希望通过有目的、有计划、有组织的教学对大学生进行外在影响,也就是"他控"的过程。"他控"贯穿于大学生元认知发展的整个过程,尤其是在大学生元认知发展的早期阶段更是占据主导地位。"他控"促使大学生内在的思想品德与社会对大学生的品德要求产生矛盾运动,大学生经过自我质疑、综合分析、仔细判断,会选择并确定新的价值标准,进而充分发挥主观能动性,形成新的认知平衡以解决新问题。大学生应养成符合社会与人协调发展所要求的思想品德,从而实现由"他控"向"自控"的转变,完成思想政治教育目标。

"他控"转变为"自控",需要以大学生元认知知识与元认知体验作为基础,这也就是要求把解决思想问题和解决实际问题紧密结合起来,两者的结合也就是在大学生思想困惑和社会现实之间建立桥梁,将思政课程教学搬到现实的社会环境中去。只有两者有效结合,才能使大学生增强自身的元认知体验,引导大学生对于自己的学习和元认知体验的成果进行归因分析,并根据原因进行自主反馈,形成独立判断、自我决定和吸取行为教训的意识和能力,积极调节自己的实践活动,使大学生的元认知能力由低级发展到高级,最终实现"自控"。在思想政治教育过程中,大学生运用"元认知"进行自控,能够保证有效的学习,同时,也能够适度调整自己的学习策略,以寻求新的认知平衡,进而调控其认知结构。

(三)减少教育方法与学生认知失调现象

1. 费斯廷格的认知失调理论

美国社会心理学家费斯廷格在1957年提出了认知失调理论,该理论也被称为认知不协调理论。费斯廷格指出:"'失调'和'协调'这两个术语指的是存在于成对'元素'之间的关系……元素指的是所谓的认知,即一个人对自身行为以及对环境所了解的事情。"[1]费斯廷格分析了认知元素之间的关系。在认知元素之中,假若两个元素之间没有联系,一个元素对另一个元素没有作用与影响,这两个元素之间就"无关"。相反,假若一个元素以某种方式对另一个元素施加影响,引起另一个元素联动,就说明两者之间存在着联系。如果在其他元素稳定不变,仅考虑两个元素之间联系的情况下,那么这两个元素之间的联系可能会表现为一个元素的变动合乎逻辑地引起另一个元素联动,这就是"协调";反之,一个元素的变动引起另一个元素发生反向的联动,这两个元素之间就"失调"。"失调,即认知之间存在着不适应的关系,本身就是一种激励因素。"[2]费斯廷格正是通过分析认知元素之间的关系,即无关、协调和失调三种情形,进而界定了失调的含义。费斯廷格又探寻了失调的来源。认

---

[1][2] 费斯廷格. 认知失调理论[M]. 郑全全,译. 杭州:浙江教育出版社,1999:3-8.

知失调可能来源于不同的因素,逻辑上的不一致、文化习俗及观点的不一致以及与过去的经验相矛盾,都会产生认知失调。当然,并非所有的失调关系具有同等程度,具有失调关系的两个元素的特征是决定失调程度的一个非常重要的因素。这些元素越重要,元素之间的失调程度就越大;如果两个元素不重要,即使二者之间差异非常大,也不可能引起严重的失调。认知失调产生后,费斯廷格指出可能会出现两种结果:一种结果是认知失调造成个体心里不舒服,这会促使个体被动地进行调整以减轻失调,争取达到协调状态;另一种结果是当认知失调出现时,在设法减轻与消除失调的同时,个体会积极主动地调整行为,有意识地避开可能导致增强失调的各种影响因素。当认知失调出现时,费斯廷格给出了减轻失调或消除失调的方法:一是改变行为,使它与环境元素相协调,能够消除失调;二是改变环境,消除失调;三是通过增加新的认知元素来减少失调。到底采取何种方法来减轻或消除失调,需要具体分析问题,其中,认知元素的类型以及整个认知情境是决定性的因素。个体在试图减轻并直至消除失调的过程中,当需要寻求他人的支持或用新的认知元素替代已有的认知元素时,避免增加失调就显得特别重要,此时一定要谨慎地接触新信息和新认知。引起认知失调的因素有很多,比如承诺、意志和责任。而费斯廷格考察得较少,也忽略了认知失调与自我概念和期望值之间的关系,以及忽略了失调的个体差异等问题。甚至有人认为认知失调理论过于简单粗俗,但这并不影响认知失调理论的重要地位。

费斯廷格的认知失调理论揭示出了人们的认知特征,这些特征具有普遍性、规律性,反映出在认知过程中人们的认知特征是人们态度更加坚定或者态度改变的先行条件,也决定着人的认知与态度的发展方向。费斯廷格的认知失调理论的最大贡献在于它激发了此领域的研究。目前该理论的巨大影响力依然存在,在许多社会心理学著作中都可以见到该理论的影子。

2. 大学生更易产生认知失调的情境分析

第一,大学生做决定的情境。失调是由个人所做决定带来不可避免的结果而引发的。一般而言,问题的解决方案有多种,不同的方案有各自的特点,每种方案较之于其他方案都会有明显的优点与缺点,但十全十美的方案几乎不存在,这就意味着选择的风险性必然存在。当大学生面对两个或更多的方案选项时,考虑到每个方案的得与失,在鱼和熊掌不可兼得的情况下,内心必定存在冲突,可能会犹豫不决,因而产生认知失调。大学生对方案认知重叠越多,由决策引起的失调程度就越小;决定越重要,备选方案吸引力越大,失调就越严重。

第二,大学生心口不一的情境。在一些场合特别是正式场合,大学生口头上表示公开认可、接受和服从,但其内心却持有完全相反的观点。这类表面的公开认可、接受、服从存在的原因,或者是因为惩罚性威胁的存在,或者是因为允诺奖励的诱惑。大学生在自己所做出的公开行为的认知与内心的观点之间产生不协调,只能表现出思想与态度、行为不一致的状态,也就是大学生对思想政治教育表现出虚假认可的态度。一个比较常见的现象是,大学生为了应付思政课程考试不挂科,或者为了获取奖学金、评优、入党、毕业后好就业等各种奖励,表现出对思想政治教育体系所灌输的内容具有认同感,能够顺利通过考核,但大学生内心深处的认知却有所不同,并不是从心理上真正接受、理解和认同。认知失调的程度相当于大学生内心观点的重要性与所面对的惩罚或奖励的重要性这两个变量所决定的函数:大学生内心观点的重要性与认知失调程度呈同方向变动关系,即内心观点越重要,认知失调程度就会越大;大学生所面对的惩罚或奖励与认知失调程度呈反方向变动关系,即惩罚或奖励越小,认知失调程度就会越大。

第三,接触的新信息与已有认知结构的信息不一致的情境。大学生在接触一些新的思想、理论和观念时,一定会受原有认知结构的束缚,要达到真正接受、理解与认同,往往需要一个过程,在这一过程中就可能伴随认知失调的出现。大学生在被动接触信息时容易产生认知失调,此时大学生原有的认知结构会有意识地构筑起防护墙,阻止所接触的信息形成牢固认知,不让它成为自己原有认知结构的组成部分。大学生认知失调的程度存在差异,对待所接触到信息的态度也是不同的。对于认知失调程度较为轻微的大学生而言,他们一般会有意识地远离那些能够进一步增强失调的信息,主动接触那些有利于消除或减轻失调的信息。而对于认知失调程度较为严重的大学生而言,他们大都会做出一些异常的行为,积极主动地接触能够进一步增强失调的信息,直到发展成为迫使自己改变内心观点的程度,以变异的方式来消除或减轻自己的认知失调。总之,大学生接触的新信息与原有认知结构的信息越不一致,越容易出现认知失调。

第四,缺乏社会支持的情境。大学生自己与周围的人持有不同的观点和看法,显得与众不同甚至格格不入,此时就会产生认知失调。这种失调程度受到持相同观点的其他人的人数、元素的重要性、抱有歧见的人所占的比例、抱有歧见的人或群体的吸引力、意见分歧程度等因素的影响。一般来说,大学生自己越是不能融入社会环境,越是与社会的状况不同,产生的失调就越严重。

3. 减轻认知失调压力及完善大学生思想政治教育方法优化的途径

大学生正处于青年期,思维与行为都特别活跃,具有接受新信息、新知识和新事物非常迅速的特点,他们通过各种途径获得的信息与通过学校思想政治教育所接收的信息极易产生冲突甚至形成抵触,导致大学生认知失调是不可避免的实际情况。传统的思想政治教育过程之中,由于思政课教师对认知失调缺乏实质性的认识,往往害怕大学生产生认知上的不协调,课堂上总是不停地讲,让他们不停地背诵,从来不去解释"为什么",典型的"我说你听"的权威式的、强迫服从的教学模式,严重忽视甚至是背离了大学生的认知规律。大学生对接受的知识不疑惑、不辨惑和不解惑,其实并没有实现对知识、真理的理解和掌握,在随后将"知"转化为"行"的过程中常常会产生一些矛盾心理,从而致使认知失调。思政课教师虽然可能以各种方式避开了因认知失调而引发的问题,但由于对认知失调理论的一知半解或一无所知而忽视该理论,导致当前高校的思想政治教育效果不佳,其实质是没有解决好大学生在"接受"与"转化"思政课理论内容过程中的认知失调问题。因此,要掌握大学生的认知心理规律,就应重视认知失调理论,充分利用认知失调理论这一有效的工具调动大学生求知探索的积极性,并采用有效途径将认知失调转化为认知协调,从而完善大学生思想政治教育的认知结构。

依据认知失调理论,个体出现认知失调后,自然会形成一种减轻或消除这种失调的努力,并希望借此来缓解由于失调而带来的心理上的压抑与行为上的失控。减轻或消除认知失调的方式较为丰富,具体采取何种方式要视具体情况而定,认知元素类型以及整个认知情境是主要的影响因素。减轻或消除认知失调的具体途径如下。

第一,改变大学生的行为,使之与现实环境相协调,从而消除失调。改变与环境不协调的行为是减少失调极为常见的做法。最简单易行的做法,就是通过改变行为所代表的认知或情感来使之与客观环境相协调。认知是对"现实"的反应,在这个前提下,如果行为改变了,那么就可以反推而知,该行为的认知元素也会发生改变,使认知与行为保持一致,并使认知元素之间协调,从而达到减轻或消除失调的目的。大学生会经常按照新的信息来修正和调整行动或情感。由此可见,思想政治教育要改进教育方法,从大学生所处的思想政治教育认知环境出发,增强大学生的亲身体验,促使大学生改变自己的行为以适应环境。

近年来高校思想政治教育面临的社会环境日益复杂,在国际国内的百年未有之大变局之下,我国有些社会问题还在相当范围内存在。思想政治教育不但要正视这些现实环境,敢于面对现实的挑战,而且思想政治教育课程的教师更要不断提高自身的知识与理论素质,密切关注大学生所处的认知环境,改变思想政治教育方法,为大学生答疑解惑,减轻大学生的认知失调。对大学生晓之以理,以客观公正、实事求是的态度对相关问题进行分析,能够消除大学生的抵触、抗拒等逆反心理,使大学生真正信服马克思主义和中国特色社会主义等理论,真正提高思想政治教育的实效性。同时,也可以引导大学生参加志愿服务活动,加强情感体验,改变认知失调。

第二,改变影响与决定认知元素的环境因素。"无论何时,只要人对环境有足够的控制,就可利用这个减少失调的方法。"[1]当然,改变环境要比改变一个人的行为更为困难。一般来讲,社会群体对个体的态度是引起个体认知失调的主要原因,自然也是消除和减轻认知失调的重要条件。改变环境主要是改变舆论导向,让社会群体接受个体,赞同和支持个体。一方面,其他人传递的信息和观点以新元素的形式进入大学生原有的认知结构,引起大学生的认知失调,这就形成了新的认知出发点;另一方面,认知失调的压力会迫使大学生进行社会沟通,努力寻找赞同自身这些认知元素的人们,或者努力影响他人来赞同这些认知元素。只要感受到社会支持,大学生就会增强应对认知失调的信心和自我效能,并有可能采取积极的应对策略。社会支持可以起到降低或缓和认知失调程度的作用,为大学生提供一个减轻失调的良好氛围。而且这个社会群体的凝聚力越强,对大学生的吸引力越大,其认知失调就越容易被减轻。

第三,通过教育方法的优化来增加新的认知元素,使大学生的认知结构趋于完善。大学生处于由青少年向成年人转化的重要阶段,也是不断构建新的认知结构的黄金期。大学生

---

[1] 费斯廷格. 认知失调理论[M]. 郑全全,译. 杭州:浙江教育出版社,1999:18.

认知的特点表现为：大学生思想政治教育认知结构不是十分稳固,相对容易发生变化,必要的认知元素残缺不全,对自我意识、多元的道德评价标准、多元的价值观等判断不准确、不正确；大学生具有一定的形式运算能力,理论思维逐渐成熟,具有高度的概括性、鲜明的批判性、新颖的独创性,但缺乏高水平思维；大学生缺乏丰富社会阅历,对事物、对人生的理解还往往不全面,对外界世界的认识缺乏客观性,评价水平较低。因此,大学生出现了行为选择上的失调问题。应通过一定措施加强大学生的自我净化、自我完善、自我革新和自我提高,增补新的认知元素,提高大学生辩证思维的能力,完善大学生的认知结构,进而增强对各种价值观的辨别能力,减轻或消除大学生的认知失调。

总之,对大学生在思想政治教育中出现的认知失调问题不能强硬压制,而要利用认知失调理论创造良好的思想政治教育认知环境,想方设法地去激发大学生学习的动机,预防大学生对思想政治教育产生逆反心理；要利用教学方法的优化减轻认知失调,从而丰富和完善大学生思想政治教育的内容。

（四）重视教育信息的多维表征

超越思想政治教育的"教"与大学生的"学"是优化和发展大学生思想政治教育方法的有效途径。以适合大学生接收信息的方式呈现并传递信息,精选所教材料至关重要。大学生都有自己的认知风格,都有观察世界和解释世界的独特方式。在向大学生教授不同的教学内容时,尽量按照大学生观察事物、把握事物的方式呈现思想政治教育的知识结构。不难理解,"教学超越所给信息"就是要使所教的思想政治教育信息在大学生学习过程中产生转化与吸收,即通过一系列的思维加工,使新信息在大学生原有经验与认知的基础上产生增益效应。经过加工的信息在嵌入认知结构时,不但信息本身有了丰富的内涵,更重要的是学生的思想因此而发生了蜕变,最终重构为内容更为充盈的结构体。可见,思想政治教育方法的优化一定要立足大学生的认知结构,并提供恰当适宜的资源支持,以实现大学生学习活动的有效性,进而夯实认知迁移与创造的认知基础。关注并抓住信息的多维表征,尤其是信息的映像、动作等表征,这样可以避免过度言语化、符号化的教学方式,在教学情境中也有利于大学生形成与完善自己的认知结构。

对大学生进行思想政治教育,要想形成对知识信息的长久记忆,必须将知识以框架的形式存储。在对知识要点进行梳理的同时,就需要把握和理解知识要点之间的内部联系,以理解认知结构和构建立体结构为目的,对知识点进行深入的加工和整合,将多个知识点串联起来,引导大学生自主建构系统并形成全面的知识网络,从而逐步形成知识的立体结构,这样有利于他们加强和巩固对知识要点的理解,也有利于知识的储存和将来的提取与迁移,这样对知识的学习就可以达到事半功倍的效果。在整个学习过程中,引导大学生逐步构建以内容为核心、以载体和学习策略为辅助的立体结构、以辩证思维为网线的立体化学习框架,并使他们在加强知识的联结中存储知识,在知识的联系中运用知识,不断加深和拓宽大学生对知识的理解,提高大学生分析问题和解决问题的能力。在遇到综合性问题时,大学生应能够从自己的立体框架中找到恰当的载体和学习策略来解答问题。

第二节　大学生思想政治教育方法创新的具体内容和实现途径

任何创新都要在一定的历史文化条件下进行,才能真正符合时代所需。注重社会各领域的变革,积极开展改革,与时俱进,是实现大学生思想政治教育工作方法创新的一种途径。当然,在中国特色社会主义新时代,也要注重对传统的继承和发扬,要学习和吸收世界舞台上其他优秀的劳动成果,以"为我所用"为主要手段,才能使高校的思想政治教学方法得以有效创新。

一、高校思想政治教育方法创新的内容

(一)加快方法创新的理论研究

高校学生的思想政治教育教学方法要顺应形势和时局,教育方法创新既是国家的需要,也是高校自身发展的内在动力。当前,我国大学生的思想政治工作方法的创新,既是由于外在条件的改变,也是因为内在需求发展的必然结果。一个学科要想长久存在,保持活力,就必须坚持持续的创新,才能与时代、社会和科技相结合。在新的历史条件下,我们要不断地提出新的教学思维方式、方法,使之始终具有时代感、科学性。当前,大学生思想政治教育工作在实践中取得了长足的进步,也取得了一些成效。然而,随着时间的推移及国内和国际环境的不断改变,我们的思想政治教育工作方法创新能力的缺失越来越明显,对大学生的思想政治教育工作进行系统的理论创新成为一个迫切需要解决的问题。

社会化与时代性要相互统一。马克思主义认为,人作为社会人,不能离开社会团体生存,而大学生又处在从象牙塔中走向社会的紧要关头,如何认识社会,树立正确的思想和政治理念,是当前大学生思想政治教育改革需要思考的问题,思想政治教育方法创新与社会的大背景相衔接,与各学科相联系,其渗透程度更加深入,社会化的趋势也更显著。适应社会的发展,必然带有一定的时代特征,特别是我国正在努力建设中国特色社会主义的紧要关头,这种特征尤为突出。马克思主义是一个完备的、科学化的思维系统,它为思想政治教育的方法论创造了相应的理论依据。

随着科技与生活的融合,大学生的各种学习方式也呈现出了生活化的倾向,思想政治教育的思维方式也从单一的课堂教学转向了与现实生活、现代科技互相融合的综合教学,教育者与学生的关系更为密切,教学内容也更切合学生的实际生活。新时期和新的社会问题给大学生的思想政治教育工作带来了新的挑战。人们对美好生活的向往不单是物质方面的,也有精神方面的,还有对社会自由、平等、法治和环境的向往和需要。随着生产力的大幅度提升,解决生产关系问题已成当务之急,并对促进高等教育的公平性及提升高校学生素质提出了新的要求和任务。"四个伟大""四个自信"是新时期建设有中国特色社会主义事业的使命与责任的具体表现,是新时期我国大学生思想政治教育工作肩负的历史任务和时代担当,是对我国大学生思想政治教育提出的更高的要求。

坚持马克思主义在意识形态领域的指导地位，确立具有中国特色的共同思想基础，不仅要服务于人民、党、中国特色社会主义，更要着眼于国家的发展，培养一批与党和国家发展密切相关的人才，使大学生坚定正确的发展方向。青少年的发展关系到国家和民族的前途，关键在于把"立德树人"这个基本问题放在培养大学生身上，使他们具备良好的品德、能力和责任感。但与此同时，注重"方法论"的理论教学也不能闭上眼睛，而是要以适合于学习者的方式对其进行思想政治教育。在大学生思想政治教育教学方式上的革新，不仅要吸收新的知识，还要在各方面延伸，逐步形成一种适用于不同学科的方法论。大学思想政治教育的方法论和理论的革新，不但对教育各方面产生了思维上的冲击，也在逐步地融为一体，形成了独特的创新方式。

此外，推进教学方法理论的课程改革，目前对学生进行思想政治理论教育的最主要途径仍是以班级教学为主且与其他学科专业紧密联系的思想政治理论课。习近平总书记说："其他各门课都要守好一段渠，种好责任田，使各类课程与思想政治理论课同向同行，形成协同效应。"[1] 做到在改进中加强，在创新中提高，努力做好内化于心，外化于行，内外统一，将认知转化为实践行动，高等学校思想政治教育的课程内容创新刻不容缓，要努力让每名学生成长为一名合格的社会主义建设者和接班人。"三因理论"是一种可以从思想政治工作方式上进行的改革，即因事而变、因时而变、因势而生，以及利用现代科技，比如利用新媒介、新技术，促进思想政治工作传统优势同信息技术的高度融合，增强时代感和吸引力。强化师德，培育高质量的师资，是思想政治教育方法改革的重要组成部分，是起到引导、沟通、教育等重要功能的教导者，教育理论也必须紧跟时代的脚步。这是一种全新的、灵活的、充满生机的新时期的思想政治教学的内容，要与现有的教学方法进行整合，增强其适应性、协调性、实效性，从而达到科学化、系统化、现代化的要求，培育出一大群德智美全面发展的中国特色社会主义事业的继承者，增强中国特色的思想政治教育方式创新的活力。

（二）优化方法创新内容的衔接

从改革开放至今，我国的社会大环境发生了巨大的变革。随着我国经济、科技、国防等综合国力的不断提高，国家、社会和人民的面貌都发生了翻天覆地的变化，我国的发展已经步入了一个新的历史阶段，中国特色社会主义建设也步入了一个崭新的阶段。外部环境的剧变，使大学的思想政治教育工作也需要随之发生重大创新变化。随着经济的发展，政治、思想等各领域都发生了很大的变化，整个社会的整体环境已经改变，来源于并且应用于大环境的各个学科的内涵和作用方式都要随之改变。

大学各学段之间的联系和衔接是进行思想政治教学方法创新的重要环节，为了防止在大一至大四期间发生因知识差异而导致的学习断层问题，大学不同学段间的知识体系是有内在紧密联系的。大学一年级就是刚刚结束了紧张的高中学习，大学生在结束高压的高考

---

[1] 习近平在全国高校思想政治工作会议上强调 把思想政治工作贯穿教育教学全过程 开创我国高等教育事业发展新局面[N]. 人民日报，2016-12-09（1）.

之后,又要面对一个陌生的新天地,这一时期的快乐和忧虑共存。此时的教学内容有高中时期的影子,也逐渐加入了社会生活知识,其主要内容包括学生的是非观念、理想信念、品性、品质等方面的培养,为良好的行为习惯形成奠定基础。大二和大三的学生进入了一个相对平稳的状态,在这段时间里,他们的学业非常繁忙,这一时期的学生要进行全面的学习,他们要有一种积极学习和勇于探索的精神,还要有初具雏形的创业精神。同时,要重视这一时期大学生在生活和学习上面对的各种压力、困难,注重他们在遇到矛盾和冲突时的心理疏导,使其具有乐观的生活心态。大四是融入社会的重要阶段,要想顺利通过这个阶段与社会接轨,首先要认识到社会的发展状况、人际关系中的重要环节,掌握社会交往必备要素,如诚实、责任心、使命感、团队协作等。在这个阶段,学生要主动融入社会中去,积极锻炼自己的社交和创造力,为将来的求职和工作做好准备,无论是继续升学深造还是步入社会,都要让自己成为一名优秀且成熟的社会主义建设者和接班人。

二、高校思想政治教育方法创新的实现途径

(一)推动高校理论教育法的建设

中华民族的优秀传统文化内涵与精神不能丢失,它们是中华民族伟大复兴的精神财富。要想实现创新发展的目标,就必须从中华文化中汲取优秀的文化遗产,并在当前的时代环境下传播才能达到创新目的。我国传统的优秀思想学说广为流传,而理论教育法又是一种备受重视和广泛运用的科学教育方式。理论教学法是一种基本的、常见的教学法,它通过一次次文字和思维的教育,形成完善的教学理论体系。理论性教学又叫"理论灌输"或"理论性学习",一些学者把这种教学方法视为一种"纯粹灌输"的错误行为。但合理的理论灌输不能强制、僵化,而是由理论学习、理论研讨、讲解讲授、理论培训等多个部分构成。大学的理论教学法应与大学实际情况紧密联系,使其具有系统性和时代性、科学性和整体性,从而实现方法上的创新性发展。

第一,推进理论课教学法律制度的科学化和时代化。思想政治工作是从马克思主义的宣传活动开始的。在我国社会经济发展过程中,大学生的思想政治工作越来越受到重视,而在实际工作中,只有以科学的理论来引导,才能取得较大的成就。没有把实践中的理论结果加以提炼、系统化和时代化更新,那么,好的经验就可能不为世人所知。关于大学思想政治教育工作新方法的探索,是对过去几年来大学思想政治教育工作的总结,不是单纯地把各种科学的方法进行简单的堆砌,而是把这些科学的方法进行了有机的结合,使得它变得更具时代性、科学化、系统化,确定其在当前稳定的社会主义进程中所显示的突出部分并加以强化、宣传和推广;而与新时代、新背景不同的部分则加以改进和创新,使之适应人民全面及自由发展的需要。

第二,要确保理论课教学的科学性和完整性。从古代开始就一直存在着思想政治教育,它在整个社会发展过程中的相关的理论也从未间断。从它源远流长的历程中我们可以看到它的本质。从中华人民共和国成立之初,意识形态教育就一直在社会发展中起着一定的作用,并且其作用和影响力越来越突出。尽管有些国家并没有把思想政治作为一个明显的教

育目标,但也只是存在表面或内里的区别。因此,无论哪个国家,都不会放弃国民思想政治教育或做出妥协。世界各国关于大学生的思想政治教育的理论和做法不断涌现,并且日益接近人民的需要。新时期大学生的思想政治教育方式的革新具有一种不断向前及向上发展的科学意蕴,从而焕发出了强大的生命力。

第三,要掌握理论教学与实际相结合的程度。作为一门实用的教育课程,其强大的活力来自理论与实际的结合。大学的思想政治教育的理论根源是在当下的时代背景下产生的。如果一种理论没有被运用到实践中,那这种理论可能就是一个空架子。在新时代的环境中,在高校生活中,思想政治教育方法真正能够实施与创新,才能达到理论与实践结合的目的,凸显高校理论教育法的理论性和应用性相结合的科学内涵,才能真正实现高校思想政治教育方法创新的价值。

(二)促进因材施教与课堂教育相结合

孔子被称为"至圣先师",他对大学的思想政治教育工作提出了很多建议,这些建议和方法根据时代的变化而变化,在当下被赋予了新的内容,变得更具活力。孔子讲学中所强调的"因材施教",即针对不同人的不同特征,要采用适当的教学手段,选取符合其自身特征的教学内容。科技的飞速发展,使社会物质财富得到了巨大的增长,精神世界不断拓展,人们的思维方式得到了极大更新。在多元利益主体的现代社会中,培养大学生的正确思想政治观念显得尤为重要。从当前的大学思想政治教育工作来看,教学要注重学生的时代特点,针对学生的年龄特点、性格特点采取适当的思想政治教育方式,对学生进行与时代、民族和国家相匹配的教学。这并不是一种固定的授课方式和考核方式,这种灵活的教学虽然会受到多方面的限制,但是却可以通过选课制和宣传来缓解存在的问题,学生们可以根据自己的喜好选择课程,这种自主性会让大学生更易于接受所学知识。

随着社会的发展和时代的进步,大学生的思想和行为发展在学校教育的发展中起着举足轻重的作用,思想政治教育工作者的教育方法和手段也将直接关系到学生的思想状况及行为表现,进而影响整个学校教育甚至社会的进步与发展。对每个人来说,学习的方法可能有所差异,有针对性的教学才能有效推动学生行为方式的转变,针对性不强的教学很容易让思想政治教育活动偏离教育教学目标。特别是对年轻的大学生来说,他们还处在一个涉世未深、好奇心强的时期,他们身上的时代气息浓厚,拥有着新时代的主人翁精神和参与国家建设及为社会做贡献的责任心,这些因素都在推动着他们快速地成长。他们若不能得到及时的指导,很可能会陷入与社会脱节的迷茫之中,无法培养应有的辨别能力及适应能力。尽管大学生生活在一个复杂的社会中,但"出淤泥而不染"的性格却可以从教育中得到锻炼。新时期大学生思想政治教育方法中的"因材施教"有助于塑造和引导大学生正确的个性养成,使大学生在今后的学习生活和成长成才中受益无穷。

教室中进行的课堂教学是从古时的私塾演化而来,过去的课堂环境往往是一片空地,授课方式跟讲经差不多,到如今变成了教室,不仅有了足够的时间和空间,班级学生规模也有所调整,然而,在中国建设的新时期,增强学生的思想情感和行为的同一性已经变成了教育的一个重要目的。所以,课堂上的授课已非单纯的"传道式"授课,而应注重增添趣味与魅力,增强学生对所学知识内化的可能性,使其在实践中达到完美的效果。教师在课堂上采用的思维方法不再要求死记硬背的方法,而要注重灌输新的含义;不是单纯地传授知识及说理,而是要抓住他们的兴趣和注意力,找准他们的关注点,同时也要让大学生的好奇心和期望得到充分的满足。

由于受资源、物质条件等多种客观因素的制约,因人而异的因材施教理念无法真正在大学课堂中实施,目前主要是重视课堂主导的教学模式。社会的发展使得课堂教学所受到的限制越来越少,物质的发展也越来越好。随着社会经济的发展,学校也越来越重视"因材施教"和"课堂教学"的融合,思想政治教育内容开始越来越多地考虑到学生身心发展特征及个性化需求,以便将学生共同点和独特之处有机结合起来,为每名学生的发展奠定坚实的基础。

第五章 大学生思想政治教育的课程创新

第一节 大学生思想政治教育课程创新的依据和重要性

一、大学生思想政治教育课程创新的依据

（一）大学生思想政治教育课程创新的理论依据

将思想政治教育融入大学生思想政治教育课程创新，不仅有着重要的社会价值，还有着重要的教育意义。

1. 高校思想政治工作体系构建的需要

将思想政治教育融入大学生思想政治教育课程创新是构建高校思想政治工作体系的切实需要。当前，应全面推进所有学科课程思政建设，重点建设一批提高大学生思想道德修养、人文素养、科学精神和认知能力的公共基础课程。

2. 高校思想政治工作质量提升的需要

将思想政治教育融入大学生思想政治教育课程创新是高校思想政治工作质量提升的切实需要。课堂是学校思想政治教育的主阵地和主渠道，思想政治教育课程创新也不例外，全面推进思想政治教育融入大学生思想政治教育课程创新是构建"三全育人"大格局的必然要求。

3. 高校课程思政和一流课程建设的需要

将思想政治教育融入大学生思想政治教育课程创新是高校课程思政建设和一流课程建设的切实需要。高校课程思政建设关乎培养什么人、怎样培养人和为谁培养人，关乎为党育人、为国育才。因此，将思想政治教育融入大学生思想政治教育课程创新中是课程思政建设的需要，也是一流课程建设的需要。

（二）大学生思想政治教育课程创新的现实依据

在大学生思想政治教育课程创新中融入思想政治教育元素，是大学生世界观、人生观、价值观的正确树立和有效形成的催化剂，是努力培养有创新意识和创新精神的新时代合格青年，以及促进创新型发展的迫切需要。

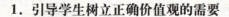

1. 引导学生树立正确价值观的需要

价值观教育是思想政治教育的重要组成部分,思想政治教育融入大学生思想政治教育课程创新,有利于帮助大学生树立正确的价值观,有利于培养学生创业信念、创新精神、顽强的品质和高尚的人格,引导他们把握正确的创新创业方向,帮助他们确定科学的人生目标,为创新创业提供正确的思想保证。

2. 实现高校思想政治教育总体目标的需要

思想政治教育课程创新旨在培养大学生的创新创业意识、能力和精神,使大学生具备创新创业者必须具备的素质。同时,高校思想政治教育总体目标是培养德智体美劳全面发展的中国特色社会主义事业的合格建设者和可靠接班人。将思想政治教育融入大学生人才培养的全过程,在大学生创新创业教育方向上加以引导,在培养创新创业能力及筑牢工匠精神上加以熏陶和内化,从而逐步转化为个人创新创业的内核力量,进而增强大学生创新创业的理想信念及对祖国和社会的强烈责任感。

3. 推动创新型国家建设的需要

创新是引领发展的第一动力。新时期面临新机遇和新挑战,深化大学生思想政治教育课程创新改革和创新人才培养模式,将思想政治教育融入大学生思想政治教育课程创新,可以激发他们的创造力,培养造就"大众创业、万众创新"的生力军,引导其树立服务国家、社会和人民的远大理想。

二、大学生思想政治教育课程创新的重要性

思想品德课程建设历经多年实践,跨出四大步:一是积极开拓,稳步推进课程建设,已形成一套比较完整的思想品德教育学科体系;二是课程的产生和发展适应了青年学生成长、成才的需要,从一定的理论高度回答了学生普遍关心的问题,对大学生思想政治素质的提高、良好道德品质的培养起到了积极作用;三是通过理论探索、教学实践和专业培训,造就了一批德育专家、学者,形成了一支专兼结合、以专为主的师资队伍;四是开拓了高校思想品德教育这一专门的教学科研领域,并取得了显著成果。

思想品德课重在建设、重在发展、重在创新。当今时代挑战与机遇并存,我们必须站在未来发展的战略高度,以更加广阔的视野辩证科学地构想大学生思想品德课改革和发展的思路,探索思想品德课程建设模式。我们认为当前应扎扎实实做好以下七个方面的工作。

(一)抓好一门重点课程

就课程建设的重点来说,思想品德课应首先着重建设"思想道德修养"课。该课程内容丰富,影响面广,涉及大学生世界观、人生观、价值观、道德观等方面内容,对于大学生思想道德素质的提高及对于大学生的全面成才有重大影响,因此其重要性不容忽视。在我国改

革不断深化、开放日益扩大的今天,"思想道德修养"课的教学对象、环境等都发生了新的变化,因此,教育内容必须紧扣教学对象所面对的新形势、新环境、新问题进行新的构建。当代大学生所面临的新形势、新课题主要有以下几个方面:现代社会生活的快节奏和激烈竞争对大学生整体素质的新要求,科学技术的飞速发展对大学生科学精神与人文精神的新要求,世界文化的多元对话、冲突、融合对当代大学生的影响等,这些都需要根据新形势的发展重新思考"思想道德修养"课的课程建设问题。如何推进"思想道德修养"课的课程建设,主要应采取以下几项措施:一是对课程的内容体系和理论难点进行深入研究与探讨,根据社会发展的新形势和新要求,精选内容,设立专题。二是对各专题教学目的、基本要求、教学方法、重点难点、讨论主题做出规定,编写教学基本规范。三是从教师多年教学经验中择取精华,选编优秀教案集和实例分析,供教师教学参考。四是编写对教材起补充、拓展和深化作用的教学参考用书,以拓展教师的知识和视野,扩大教学的深度与广度。五是建立试题库,设计各专题讨论课方案及调查问卷。六是改进考试方法,使检测性考试和评价性考试相结合。通过以上措施,形成具有典型性、实效性的教学改革成果,并以此为示范,以点带面,逐步实现科学体系的整体优化。

(二)构建科学的课程体系

思想品德课应围绕增强说服力及提高有效性这个目标改革教学内容,形成一个科学的课程体系。目前所存在的某些教学效果不佳的问题,究其原因,主要是对当前许多令学生困惑的社会实际问题关注不够,特别是由于教学的起点和目标定得偏高,忽略了对大学生现实生存、发展条件和内在需求的深入研究。现代大学生关注的热点主要集中在如何发展自己并使自己尽快成才方面,这一内在需要已成为广大青年学生奋发学习、积极进取、报效祖国的强劲动力。思想品德课教学应从这个实际情况出发,优化内容,注重实际,用正确的思想、丰富的知识和科学的理论指导他们成才与发展。在这个过程中,鼓励他们自觉地将个人价值的实现与对社会的贡献相统一,将个人的前途与国家的命运相统一,从而逐步实现思想升华、品德完善。所以,以学生的成才为思想品德课教学出发点,以对学生的内在需求与社会需要的结合为通道,以理想信念和世界观、人生观、价值观教育为主要内容,以培养社会主义事业的建设者和接班人为教学目标改进教学内容和方法,才能获得良好的教学效果。思想品德课内容结构可概括为:围绕一个中心,即以大学生的成才为中心;贯穿一条主线,即以理想信念教育为主线;关注两大问题,即关注学生的需求与社会需要;提高三个认识,即提高大学生对自我的认识、对社会的认识,以及对学习与成才关系的认识;培养四种能力,即培养大学生的思维能力、鉴别能力、心理调节能力和社会适应能力。大力开展党的基本理论、基本路线、基本纲领教育,大力开展爱国主义、集体主义、社会主义教育,大力开展马克思主义世界观、人生观、价值观教育,大力开展科学精神和无神论教育,帮助大学生树立马克思主义信仰,坚定社会主义信念,增强对改革开放和现代化建设的信心,增强对党和政府的信任,引导大学生报效祖国,立志成才。

（三）一支高素质的师资队伍

提高教学质量的关键是教师素质的提高。加强课程建设,固然需要领导的重视和各方支持,但更重要的是教师自身的努力,从信念、业务、科研入手提高自身的素质。

1. 正确定位,坚定信念

无论是大学生学习、生活、心理的适应,还是成长、成才的需要,思想品德课在高校教育体系中都具有举足轻重的作用。不仅如此,从思想政治教育工作来看,它是集多学科知识和管理于一体的应用性学科,从事此项教学工作,不仅能提高理论水平,锻炼实践能力,而且能提高教育管理素质。有了这样的正确认识,教师才能以极大的热情与事业心投入工作。

2. 业务培训,知识更新

思想品德课涉及学科比较多,因此有必要借助各学科的研究成果,去充实其内容,扩大内容的广度、深度,增强内容的科学性,以相关学科为知识载体,使单一的思维方式走向多方位、多层次。要按照"人格高尚、素质完善、一专多能"的标准,对思想品德课教师进行定期培训,在教师中开展观摩教学、集体备课等活动,同时积极顺应时代要求,促进教师掌握现代教育教学手段,不断提高教学能力和教学艺术水平。

3. 建立专题研究小组

教育对象与教学研究对象的统一性,社会现实的复杂性和学生思想的多样性,使许多课题亟待研究。为了深入探讨这些问题,教师可以分专题设立研究小组,每组有相应的专题科研任务、专题讲座和教学任务。教师可根据自己的优势围绕某项专题开展研究,并选定一个相关的学科作为理论进修的重点,逐步形成自己的学术研究方向。每位教师还可将自己收集的信息和研究的成果,在教师中交流,或补充到教学内容中,也可根据教师的专长,组织教师巡回到班进行专题教学。这样,教师可以在精、深、新上下工夫,使教学内容更丰富、更深入;学生也可在同一门课中领略不同教师的讲课风格;同时也有利于增强教师的竞争意识、创新意识,促使每位教师向更高的目标努力。

（四）促进学生积极参与教学活动

思想品德课教学要有效,就要把教学目的的客观有效性与学生主体接受教育的有用性内在地统一起来。首先,教师要充分了解学生的思想实际,把握他们在成长过程中存在的各种问题和困惑。在教学中,紧扣学生的思想脉搏,使教学内容的选择尽可能与学生思想、心理的发展变化相适应,切中学生普遍关心的热点问题。其次,在教育活动中给学生创造当"主角"的机会,充分发挥大学生自我教育的作用,可采取演讲式、案例式、问答式、讨论式、辩论式、调查式等形式组织教学活动。教育不只是向学生传授思想,还要促进学生产生思想;不只是向学生传播真理,更重要的是培养学生追求真理的科学精神。教育的最终目的是让学生学会自我教育。

（五）配备现代化教学设备

思想品德课具有极强的综合性、时代性。应用多媒体等现代教育教学手段于思想品德课教学中,是当前思想品德课教学方法改革的新途径,是思想品德教育主动适应社会发展需要及迎接信息时代挑战的重要措施之一。多媒体教学有助于增强教学的艺术感染力,扩大教学时空和信息量,加深学生对教学内容的理解和认识,启发学生的创造性思维。同时,可将教师从查询资料、撰写讲稿中解放出来,用更多的时间和精力去思考如何深化教学内容、提高教学艺术等问题,并有助于专兼职教师集体备课,提高教师的整体教学水平。思想品德课教学手段的现代化,将引起本学科教学内容、教学方式、教学管理和教学思想等一系列的变革,推动课程各方面的建设步伐,促进思想品德课教学整体水平的提高,使其更富有吸引力和生命力。

（六）建立有效的教学监督体系

由于招生规模的扩大,教师面临着教学工作量的增大和提高教学质量的突出矛盾。思想品德课教师队伍多是专兼职结合,要保证教学质量,就必须不断加强对教学工作和教学质量的监督与管理,建立有效的管理机制。我们设立的基本程序是:个人申请→考核试讲→选拔辅讲→择优主讲→检查指导→总结交流→评优表彰。根据教学活动过程可把教学质量监督分为研读书目、撰写教案、课堂教学、课外指导、作业批改、试卷分析、学生评议、教学与科研成果八个部分来具体量化考核。

（七）形成"合力育人"的网络

思想品德教育是一个系统工程,要想形成教育合力,就必须与有关部门密切合作,努力形成"合力育人"网络,即形成以思想品德教育为先导,教书育人为根本,管理育人为基石,服务育人为保障,环境育人为依托,齐抓共管的"合力育人"德育网络系统,使课程教育与日常思想教育和行为指导相结合,积极引导学生做到知行统一。

第二节 大学生思想政治教育课程创新的理论基础

思想政治教育融入大学生思想政治教育课程创新的实践路径应秉承立德树人这一根本任务,坚持"三全育人",把立德树人与课程育人贯穿始终,以"一目标"——立德树人为根本,以"两主体"——学生、教师为核心,以"三平台"——线下、线上和实践为载体,以"四内容"——教学目标、教学内容、教学方法和教学模式改革为重点,将思想政治教育元素根植于思想政治教育课程创新的全过程中,以理论与实践课程相结合为基础,构建"一二三四"创新型人才培养体系。

一、"一目标"

以"一目标"——立德树人为根本,建立思想政治教育课程创新的思政教育体系。

高校建设思想政治教育课程创新应当结合高校定位和专业特点统筹规划,从社会和市场需求的角度完善思想政治教育课程创新体系,促进思想政治教育与思想政治教育课程创新有效融合。一是坚持社会主义核心价值观,落实立德树人根本任务,探索并不断丰富高校思想政治教育的多种途径与方式,培养德智体美劳全面发展的社会主义建设者和接班人,实现思想和价值的引领。二是凸显理想信念,把大学生理想信念教育与思想实际紧密联系,与社会及个人的发展相结合,引导学生懂得自身承担的社会责任,促进他们了解个人价值与社会价值的内在联系,在新时代新征程中奉献自己的青春。三是体现创新创业素质提升的理念,高校教师应当以动态视角创新教育教学方法,整合各类教育资源,在日常教学过程中融入创新创业元素,激发学生的内生动力,突破传统的思维模式,提升大学生创新创业本领,让创新创业的种子在高校环境中扎根。

二、"两主体"

以"两主体"——学生、教师为核心,植入思想政治教育课程创新的思政教育元素。

(一)探索学生喜闻乐见的思政元素

创新创业教育重在培养学生创新精神和创业能力,应以学生为主体,及时有效反馈学生的思想动态,促进思想政治教育与思想政治教育课程创新相结合。反馈主体在反馈中要以促进发展、促进提高为宗旨,其中学生即为思想政治教育课程创新的反馈主体。通过设置每堂课学生课后意见反馈等环节,及时了解学生所需,并有针对性地将学生喜闻乐见的思想政治教育元素融入思想政治教育课程创新,树立"双创"意识,激发"双创"激情,提升"双创"能力,提高思想道德品质,达到提升思想政治教育与创新创业教育的双实效目标。

(二)提高思想政治教育课程创新教师的思想政治素养

高校思想政治教育课程创新的价值引导工作是一项专业性极强的工作,其价值引导是政治性、思想性和业务性的结合,因此提高思想政治教育课程创新教师的思想政治素养迫在眉睫。一方面,当前思想政治教育课程创新的授课教师多为年轻教师,其中包括思想政治理论课教师、辅导员以及团委、学工系统、毕业生就业指导中心的管理干部,还有部分知名校友、成功企业家等担任兼职教师,他们的思想政治素养不尽相同,少数人可能有进一步提升的空间;另一方面,他们在思想政治教育课程创新中扮演着重要的角色,既是创新创业政策的传播普及者,又是创新创业价值的教育引领者,还是创新创业实践的推进者。但由于他们自身思想政治水平参差不齐,导致思想政治教育和创新创业教育相结合的效果不佳。

三、"三平台"

以"三平台"——线下、线上和实践为载体,拓宽思想政治教育课程创新的思政教育阵地。

第五章　大学生思想政治教育的课程创新

（一）搭建思想政治教育课程创新线上平台

网络教育便捷、灵活，大学生作为互联网的最大使用群体，在运用互联网创新创业方面无疑体现出巨大的优势，教师应充分利用网络开展创新创业教育，提高教育效果，拉近与学生的心理距离，增加与学生交流的机会和范围，以利于思想政治教育与创新创业教育的有效融合。

（二）利用思想政治教育课程创新线下平台

线上教学由于平台技术匮乏，导致学生互动性明显不足，课堂学习氛围不浓。利用现代化的创业模拟、实训平台可以弥补传统教学中实践环节的不足。要充分利用思想政治教育课程创新的线下平台，在实践环节加入公共必修课，有机地将思想政治教育融入其中，增强学生社会责任感，强化学生创新创业意识。

（三）建立健全思想政治教育与思想政治教育课程创新联合发展实践平台

在思想政治教育融入创新创业教学过程中，应当健全实践平台。要善于整合校内外资源，将已有的大学生孵化园、科技园、工作室等实践基地进行赋能，结合时代背景、行业现状和项目特点融入思想政治教育元素，对现有的创新创业兴趣团队进行整改，将党、团组织的"三会两制一课"与社团活动相结合，促进思想政治教育课程创新实践与思想政治教育的紧密结合；深入挖掘校史博物馆、文化广场、主题公园中的创新创业故事，在进行爱国教育、爱校教育的同时，讲好高校奋斗史，鼓励大学生勇于创新、大胆创业，在学中做，在做中学，以达到实践育人的效果。

四、"四内容"

以"四内容"———教学目标、教学内容、教学方法和教学模式改革为重点，确保思想政治教育课程创新的思想政治教育效果。

（一）明确教学目标

创新是一个民族进步的灵魂，是一个国家兴旺发达的不竭动力。高校要以立德树人为根本任务，完善"三全育人"体制机制建设，强化价值引领作用，明确思想政治教育课程创新的教学目标。思想政治教育能够保证思想政治教育课程创新价值导向，思想政治教育课程创新是思想政治教育的新载体，两者有机结合可提升思想政治教育的亲和力和针对性，合力培养全面发展的社会主义建设者和接班人。

（二）丰富教学内容

思想政治教育课程创新能够帮助学生树立远大理想，激发创新潜能。作为思想政治教育核心内容的理想信念教育也可具体化，在教学内容方面两者可以相互融合，不仅可以充实学科理论，也能够加快教育创新。思想政治教育融入思想政治教育课程创新中，可以丰富教学内容,使大学生胸怀世界、放眼全球,不断适应时代的要求。

(三)创新教学方法

定期举办创新创业竞赛、专题讲座和培训,以各类创新创业大赛为抓手,创新教育形式与方法,将创新理念、方法融入创新创业实践中。开展多层次、多模式的创新实践活动,构建专业技能培训、行业专家指导、模拟路演等多维度的培训体系,培养学生的创新精神、创业能力和创业信心。

(四)完善教学模式

借助互联网、新媒体等手段,发挥网络平台的作用,宣传创新创业理念。丰富创新创业教育模式,塑造具有趣味性、时代性的育人环境,将思想政治教育和创新创业教育融入校园文化建设之中。通过举办创新创业专题报告会,帮助大学生设计职业生涯发展规划,培养职业能力,塑造职业精神。

新时代高校思想政治教育课程创新思政建设的重要性日益凸显,本部分将思想政治教育融入思想政治教育课程创新的重要性进行了深入剖析,以期为完善思想政治教育课程创新体系提供参考。

第三节　大学生思想政治教育课程创新的对策

一、新媒体时代与高校思想政治教育教学课程的创新

新媒体时代的到来,对高校思想政治教育课程来说既是机遇又是挑战,如何在新媒体时代下发挥新媒体的积极性并进一步提高思想政治教育工作水平,成为当前必须要考虑的问题。创新思想政治教育工作应当做到以下几点。

(一)学校微博、博客平台的建立

在信息发布中,微博、微信在信息传播的便捷性和即时性方面具有得天独厚的优势。高校思想政治教育工作者应当充分发挥微博和微信服务学生及改善管理的功能,为高校大学生服务,使其时刻处于高校的人文关怀中,如高校教务处在日常的教学管理活动中可以发布各种信息为学生服务,图书馆可以为高校大学生提供个性化服务,还可以通过微博、微信发布投票和话题的方式对规章制度、学校改革建设等内容进行民意调查,从而使高校师生融入校园建设中,促进高校建设。

(二)利用手机媒体搭建师生交流和互动平台

手机媒体对于帮助高校学生消解消极抵触心理具有非常重要的作用,不仅如此,它还能够在一定程度上减轻高校学生在传统思想政治教育模式下产生的压迫感和统治感,在学生与教育工作者之间搭建沟通的桥梁和纽带,减轻高校学生的压力,帮助高校学生解决沟通障

碍问题,从根本上满足高校学生对自由、平等交流的诉求。手机媒体的双向互动交流模式拉近了师生距离,建立起信息双向交换的互动平台,使高校思想政治教育工作的水平得到了一定程度的提高。

(三)发挥主题网站作用,宣扬全新的思想政治教育理念

高校思想政治教育主题网站建设应当同师生的思想特点保持一致,还要从高校大学生的实际情况出发,科学安排网站中的内容,包括内容筛选、版面设置、网页设计等,高校思想政治教育工作者一方面要办好网站,另一方面还要办出自己的特色,如通过建立多重链接、设立搜索引擎、建立娱乐游戏、建立聊天室、组织有奖问答等方式,将高校大学生的兴趣充分激发出来,调动大学生积极参与和进入网站的积极性,充分发挥网站作用,进一步拓展我国高校大学生思想政治教育的深度和广度。

二、"互联网+"与高校思想政治教育教学课程的创新

创新"互联网+"大学生思想政治教育作为一项系统工程,需要具备良好的顶层设计和科学的长远谋划,必须明确思想、统一认识,建立健全"互联网+"大学生思想政治教育协调机制。第一,必须尽快建立协调组织机构,负责协调学校"互联网+"大学生思想政治教育工作。建立学校党委新媒体应用研究统一领导、党政齐抓共管、各个职能部门各司其职的领导管理体制,负责协调全校高校思想政治教育工作的顺利开展,从制度保障、人员配置、技术指导以及经费支持等方面不断进行思想政治教育资源聚合,更好地发挥"互联网+"思想政治教育的强大合力。第二,应该优化教育内容,更好地提高大学生思想政治教育的实效性。首先,"互联网+"大学生思想政治教育必须始终坚持立德树人的原则,要以社会主义核心价值观占领"互联网+"教育阵地。其次,必须合理协调心理健康、法律法规、道德观念等教育内容,引导青年大学生形成良好的互联网道德情操,增强对不良网络信息的辨别和抵制能力。最后,不断创新高校思想政治教育内容,将思想政治教育内容鲜活化、生活化、现代化,转变大学生心目中高校思想政治教育较为呆板的印象,不断增强思想政治教育内容的吸引力,以积极健康的思想政治教育内容主动占领"互联网+"教育新阵地。

(一)主动占领平台,构建"互联网+"大学生思想政治教育引导机制

"互联网+"背景下做好网络思想政治教育引导工作,不仅仅是青年大学生健康成长的现实需求,同时也是高校和谐稳定发展的内在需求。首先,应加强高校思想政治教育主题网站建设,强化"互联网+"教育引导的作用。必须从大学生心理特点出发,建设具有鲜明主题、对青年大学生有吸引力的思想政治德育教育主题网站,主动占领大学生网络思想政治教育主阵地,用社会主义核心价值观抵制网络不良文化,大力宣传优秀传统文化,传播社会正能量,宣传科学真理,切实发挥"互联网+"的思想政治教育引导作用。其次,加强"互联网+"大学生社团组织建设,不断增强大学生自律意识。高校应该鼓励大学生建立网络自律社团以及各类学生网络社团组织,引导青年大学生的网络自律意识,在"互联网+"背景

下做到"文明建网、文明上网、文明用网"。再次,应重视并加强"互联网+"交流平台建设,强化思政工作者的教育引导作用。高校辅导员和思政课教师应积极打造鲜活生动的"互联网+"交流学习平台,充分利用博客、微博、微信等"互联网+"阵地开展点对点的网络教育引导,帮助大学生释疑解惑,从而使"互联网+"大学生思想政治教育实现"春风化雨、润物无声"的教育效果。最后,高校还应加强校园"互联网+"文化建设,增强校园文化育人效果。应建设积极向上的高校校园文化,将校园文化和"互联网+"文化进行有机结合,充分发挥两种文化的互补作用,提高其潜移默化的育人作用。

(二)以预防为抓手,构建"互联网+"大学生思想政治教育监管机制

"互联网+"平台作为青年大学生学习交流讨论的重要平台,校园网络舆情可以反映大学生群体思想动态及真实想法,积极向上的校园网络舆情可以营造良好的"互联网+"环境。加强对校园网络舆情的监督和管理,可以及时疏导大学生的不良情绪,帮助他们形成正确的世界观、人生观和价值观,进而推进高校思想政治教育工作的顺利开展。首先,应不断完善"互联网+"信息管理机制。在认真学习贯彻互联网相关法律法规的基础之上,结合本校实际情况建立健全校园网管理规章制度。其次,还应加大宣传教育力度,通过开设"网络伦理学""国家网络安全""大学生网络法治教育"等课程,全面系统地对青年大学生开展网络道德教育,不断提高大学生的网络素养。再次,应该建立"互联网+"信息监管机制。对"互联网+"信息进行严格筛选和及时净化,从信息传播源头上防止各种不良信息在"互联网+"平台上的传播,为青年大学生营造出良好的"互联网+"环境。最后,应建立健全"互联网+"信息预警机制。应该充分利用"互联网+"平台潜在的大数据优势探索建立学校各个部门共同组成的协调联动预警中心,通过调查、收集、鉴别和分析相关的网络数据及时掌握大学生的网上思想状态,及早研判各种潜在隐患,进而制定出有效的预警方案和应对措施,提前开展针对性的思想干预和行为预防,努力将各种问题和矛盾消除在萌芽状态。

(三)以教育为主线,构建"互联网+"大学生思想政治教育保障机制

一是加强党的领导,为"互联网+"大学生思想政治教育的顺利开展提供坚实的政治保障。高校各级党组织必须从战略和全局的高度切实加强对"互联网+"大学生思想政治教育的政治领导和科学规划,从而为其健康发展提供坚实的政治保证。二是加强队伍建设,为"互联网+"大学生思想政治教育的顺利开展提供良好的人才保障。高校应统筹建设一支政治坚定、爱岗敬业、综合素质高且结构合理的大学生思想政治教育工作队伍,为"互联网+"大学生思想政治教育工作的有效开展提供重要的人才支撑。三是创新课程形式,为"互联网+"大学生思想政治教育的顺利开展提供优质的教育课程保障。在"互联网+"时代,一方面仍然应该重视思想政治理论课作为高校思想政治教育主渠道的地位,不断提升思想政治理论课程的信息化水平。另一方面,应该充分利用"互联网+"平台的优势,开创高校思想政治教育的第二战场,积极创建"互联网+"高校思想政治教育课程,从而实现线上自主学习和线下双线课堂教学的有效对接,开创大学生思想政治教育的模式,有利于提升高校

思想政治教育效率。四是整合社会资源,为"互联网+"大学生思想政治教育的顺利开展提供更丰富多彩的教育资源。"互联网+"时代作为一个跨界融合的时代,大学生思想政治教育应顺应时代发展潮流,充分挖掘、整合和优化全社会的思想政治教育资源,进而营造一个良好的社会氛围。

三、创新创业教育与高校思想政治教育教学课程的创新

大学生创新创业教育理念要转化为教育实践,需要依托有效的课程载体。针对存在的问题,从整体上强化创新与创业课程建设,收到了一定的效果。

(一)提高认识

将创新创业教育落实到教育教学的全学程,创新创业教育要置于素质教育及专业教育的大视野下,融入学校的人才培养方案中,落实到大学教育教学的全学程,以培养学生创新精神、实践能力和创业精神作为基本思想定位。创新创业教育不仅仅是思想政治教育课程创新本身所能承载的,应融于通识课程、专业课程以及整个教育教学的各环节,课程设置上应有整体规划。创新创业教育课程应纳入学校正常的教学计划,在课程的定位、课时、主要内容、教育教学方法的选择等方面均应明确,以确保大学生创新创业教育的效果和广覆盖。创新创业教育的本质是一种素质教育,其基本内涵是培养大学生的创业精神和创业能力,是素质教育的深化。素质教育主要是通过加强大学生的文学、历史、哲学、艺术等人文社会科学和自然科学方面的教育,实现"提高大学的文化品位和格调,提高大学教师的文化素养,提高大学生的文化素质"的目标。思想政治教育课程创新的设置应注重科学教育与人文教育的融合,应以启蒙教育和职业生涯与规划教育为重要内容,适应科学、技术和生产日益一体化的趋势,培养大学生人文修养、创业个性和创业精神。通识教育与专业教育的融合,注重知识教育与能力教育的融合,突出大学生参加创业实践活动,既要促使他们成为适应创业环境的"通才",为今后创业打下基础,又要加深大学生的专业知识,培养他们具有"专才"的本领。

(二)凸显特色,优化创新创业教育课程体系建设

我校结合学校层次、类型定位和多样化人才培养目标,在注重创新探索和实践经验的总结提炼基础上,采取"平台+模块"课程结构模式,将思想政治教育课程创新以必修和限定选修的方式纳入各专业培养计划,构建了具有农业大学特色的"三平台""两环节"的创新创业教育课程体系框架。"三平台"即在公选通识教育平台的"自然科学模块"和"人文社科模块"基础上,设置"思想政治教育课程创新模块";在专业教育平台设置"创新教育模块"和"创业教育模块";建立"网络课程服务平台"。"两环节"即创新创业教育活动融入实践教学、社会实践两个环节。

(三)加强公选通识课程平台建设,完善课程模块设置

公选通识课程平台按"人文社科类""自然科学类"和"创新创业教育类"三大模块

设置。人文社科类课程模块定位面向农、工、理、医类等专业的学生,着眼于学生思想及文化、社会交往能力、语言表达能力、科学素养的提高,以引导学生认识、理解、适应和融入现代经济生活为主题,着眼于学生今后的发展。自然科学类课程模块定位面向经、管、文、法、教等专业的学生,以"农学"大类学科知识教育为特色,注重现代农业技术必备知识的培养,把理论知识的传授和分析问题、解决问题能力的培养结合起来,增强对学生动手操作能力和思维方式的训练。创新创业教育类课程模块定位面向全体学生,开设创新意识培养、创业启蒙以及大学生职业生涯规划和就业指导课程,着眼于培养当代大学生的创新精神、创业意识和社会责任意识,使低年级学生普遍接受创新意识和创新方法。

另外,专业选修课则根据学生个性化学习的实际需要和现代农业发展对教育的要求,分别设置了创新教育和创业教育两个模块,由学生根据需求自主选择。创新教育模块定位面向有志于继续进行专业深造以及考研的学生,课程将新知识、新理论和新技术充实到教学内容中,明确专业定位与特色,注重加强专业纵向知识和科研能力训练。创业教育模块着眼于学生就业和创业的需要,强化了实践训练环节,如涉农专业,专业课程与现代农业发展实际密切结合。由传统的"专才"提升为"通才",强化学生从事生产、经营、管理、科技开发等专业技能,以适应社会发展多方向的综合性要求,满足学生择业、就业、创业以及未来发展的需要。

（四）不懈努力,打造优秀教师团队

建设一支素质高、业务精、有爱心、讲奉献的教师队伍是创新创业教育成功的关键。创新创业教育的成效取决于高素质的老师。近几年,高校在加强教师队伍建设方面较为注重在政策和制度上建立有效的保证机制,主要措施是：第一,坚持教授上讲台,建设由教学水平高、学术造诣深的教授领衔,由教授、副教授、讲师、助教及教辅人员组成的教学团队；第二,加大青年教师培养与培训的工作力度,支持青年教师到企事业单位进行产学研合作,参加国内外进修和学术会议,与其他高等学校教师交流经验等,提高青年教师的素质和水平；第三,研究和改革教学内容,改进教学方法和手段,根据教学改革和教学任务需要,开发教学资源,开展启发式教学、讨论式教学和案例教学等教学方法改革,促进教学研讨、教学经验交流,发挥教研室在开展教学讨论、交流教学经验、研究教学改革中的作用；第四,开展"百名教授·百场报告"活动,聘请一些经验丰富的成功企业家、创业者、技术专家作为创业活动课程的兼职教师。教师队伍建设是一项长期而艰巨的任务,必须不断努力,逐步建立起一支数量充足、素质优良、结构合理的师资队伍。

（五）将思想政治课程中的案例教学渗透到创新创业基础课程全过程

基于大学生特点,多维度选取创业案例：采用在校学生技术型创业案例,以基于专业的高科技创业企业案例引领学生立足专业,走技术型创业企业路线；以致力于推动社会进步、生产变革,提升人民幸福指数并且有担当、有使命感的创业者为案例；以敢于冒险、不断创新并且在"互联网+"的大潮中寻找细分领域、不断深耕的创业校友的成长故事为案例……

解读创业需要思考和经历的各环节。每个章节都以案例讲述为起点,在带领同学们剖析案例的同时,学习案例背后的方法和思维。同时除了教师讲授,也邀请又红又专的创业校友、投资人来到课堂上与学生共同讨论、互动。

(六)以学生需求为中心,用精益创业的方法设计创业课程体系

以学生需求为中心,用精益创业的方法多次迭代设计课程体系:采用案例导入、知识点嵌入、思维深入、实践浸入的脉络,结合线下课程反馈,形成初步课程体系;再征求专家及学生意见;待全部慕课视频录制完毕,再请学生试看、提意见;首次上线后,修改并适当增加部分内容后再二次上线。

四、高校公共艺术课程与高校思想政治教育教学课程的创新

(一)教育理念注重开放性

在古代艺术教育思想中,艺术教育往往被视为道德教育的特殊方式;到了近代,艺术教育在培养人的道德、才情、智慧、洞察力、判断力、鉴赏力等多个方面的独特性逐步为人们所认知,艺术的独立地位也随之建立。但"独立"并非意味着"孤立"与"不可融入",事实上,当下对于艺术教育的理念认知应当有两种态度:一是应将公共艺术教育融入其他各科,以保持情感的丰富与思维的活力,即美的教育、情的教育应该与道德的教育一样,在各科中用各种手段处处施行之。二是应以与时俱进的理念与态度实施公共艺术课程教学,如在公共艺术课程限定性选修课"影视赏析"中引入热播节目《中国诗词大会》的赏析与评论,在作品赏析类课程中赏析中国古代诗词,在实践类课程中学习诗词吟唱等。通过形象生动的审美体验与认知,激发大学生的审美情感,从而贯通道德情感,以达到"润物细无声"的思想政治教育目标。

第一,课程内容注重"特色性"。结合当下我国对于"文化自信"以及弘扬中华优秀传统文化的要求,应当考虑公共艺术课程内容开发的"特色性",即将中华优秀传统文化艺术及当地特色文化艺术纳入课程内容中,在音乐、美术、戏剧、舞蹈、书法、戏曲等门类艺术鉴赏课程中增加我国传统艺术精髓,从而达到文化认同与文化自信等。优秀传统文化是一个国家的"根"和"魂",为思想政治教育提供了丰富的资源,它与马克思主义有高度的内在契合性,明确了社会主义核心价值观的指向,也为大学生提供了丰厚的传统滋养。因而,这些"特色性"内容的融入,便于大学生受众对我国优秀传统文化艺术及地方特色文化艺术形成良好的审美自觉,从而在课堂内外拥有较高的艺术鉴赏力与辨识力,也因此能够形成科学的社会主义世界观、人生观和价值观。

第二,课程体系注重"大格局"。中国的通识教育课程常常限于传授一些知识,而少有论及人类社会发展的大命题,如能源、环境等问题。而作为通识课程组成部分的公共艺术课程,由于师资的缺乏与地位的边缘化而沦为"凑学分"的选修课。然而,当前的思想政治选修课应该做一些有益的探索,例如,思政课程主题与内容应多关注民生社会,注重"上大课,

讲大势,传大道",巧妙地寓社会主义核心价值观的精髓要义于多样化的课堂教学之中,在引人入胜、潜移默化中实现教育目标。高校公共艺术课程的革新以及与"大思政"教育体系的融入模式,应在"全人教育"总体目标指向与顶层设计下,集全校乃至全社会之力量组成课程开发与教学团队,与思想政治教育课程、通识教育其他课程交融贯通、互为补充;纳各科优秀教师编写具有中国特色的艺术史等通识教材或著作,如"中华美学精神""艺术与人类文明""艺术与人的发展"等;与文博类社会机构广泛合作获取实践机会,开辟第二课堂;课程面向全社会开放,履职社会服务功能并形成互动机制等。从知识到能力再到素质,从审美情感到道德情感再至理想信念,这是大学公共艺术课程与思想政治教育之间的内在关联与沟通机制,其中的逻辑关系契合当下大学生"全人教育"的培养模式。另外,由于公共艺术课程与思想政治教育内容与精神的同质性,即都属于新时代中国特色社会主义文化的内容范畴,因而具备了沟通的必要性,为高校"大思政"教育体系的构建提供了创新路径。

（二）大学生思想政治教育利用节日文化育人的路径

1．学校开设有关节日文化的相关课程

可在思想政治理论课和相关课程中穿插传统节日的相关内容,介绍学生感兴趣的节日起源和民间传说故事,并重点深入剖析其蕴含的深层次文化内涵,引导学生在轻松愉快的环境中真正了解节日的历史演变和风俗习惯。这样不仅为课堂教学注入了新鲜血液,而且也使传统节日的宣传更为活泼生动。也可通过讨论课,鼓励学生积极讨论和抒发自己在传统节日里的体会和心得,进而调动大学生对传统节日的兴趣。

2．开展关于传统节日的主题教育活动或让学生参加节庆纪念活动

每一个传统节日都有一个故事背景和传奇,都蕴藏着丰富的文化内涵和思想政治教育价值,并深深地影响着每一个中国人。学校可以结合节日纪念活动积极开展有关主题教育,使学生从中受到祖国传统节日的文化熏陶。也可让学生参加实际活动,比如,中秋节时品月饼,清明节去烈士陵园扫墓等,完善和发挥春节、端午节等传统节日的节庆作用。又如,可以利用国庆节举办红歌比赛、爱国主义诗歌朗诵比赛活动。

3．创新传统节日的实践活动

除了在传统节日里进行相关的主题活动,还可以对实践活动进行创新,增强趣味性。比如,开展以传统节日内涵为主题的文艺演出,学生们可以自行排练相关小品、相声、话剧、情景剧、歌舞,丰富活动的表达方式;重读经典,加深学生自身对传统节日精神内涵的领会;开展传统节日艺术品展示,比如,木版年画、古代剪纸、民间刺绣等所展示的节日文化内容,具有更加艺术化、形象化的育人作用。

第六章 大学生思想政治教育的内容创新

第一节 大学生思想政治教育内容创新的意义与思路

人总是处于某种特定的文化氛围和环境之中,而作为"育人"实践活动的高校思政课教学也必然处于某种特定的文化氛围及环境之中,因此,营造良好的校园文化氛围是大学思想政治工作的一个主要内容。

高校学生的思想政治教育内容创新,既是历史和时代的必然要求,又是自身发展的必然要求,也是培养高质量的专门人才的必然要求。因此,将思想政治教育教学与新时代融合,对于提升思政教学的质量,充实教学资源,提升大学生的思想品德和整体素质,有着十分重要的理论和实践意义。

一、大学生思想政治教育内容创新的必要性

(一) 改进和创新大学生思想政治教育的现实需要

大学生思想政治教育工作要以文化为依托载体,具有文化属性。高校思想政治教育教学要把教学内容有机地结合起来,从当前的教学问题入手,积极探讨教学改革的途径,从而达到更好的教学效果。在我国的改革开放不断深入及社会交往日益活跃的大背景下,各种不同的思想、多元的文化蜂拥而至,给我们的社会带来了巨大的冲击和影响,许多没有明确的文化观念和价值判断的年轻人往往会被异化的思想所左右,从而形成部分功利主义、极端自由化思想。另外,由于一些特殊因素的影响,有的学生在人生道路伊始就走上了错误的道路,陷入困境之中。因此,如何在当前的社会条件下提高大学生思想政治教育工作的质量和水平,是当前我国大学生思想政治教育工作中的一项重大研究课题。

能够进入大学深造的学生,基本上都具备了一定的理性思考能力和价值判断能力,他们拒绝接受过于直接的道德灌输,也不喜欢接受形而上学的道德教育,如果继续采用单向的灌输,而不注重教育对象的主观能动性以及其独立思维水平的发展与提高的实际情况,不把思想道德的合理性从源头上讲清楚,就很难直接取得高校学生的认可,也就更无法让他们以其为标准进行自我道德的修养和学习。在高校思想政治教育工作中,将优秀的民族传统文化元素融入教育教学中,进行教学创新,调整教学方式,以富有历史性、知识性的文化内涵来吸引大学生,能够使高校思想政治教育工作更加具有影响力,提高教育工作的效果,使得学生更加愿意认知和学习思政理论知识,并通过对传统文化中思想政治内容的挖掘与思考,使学

生形成对我国传统文化的系统认知,从而提升大学生的传统文化修养。同时,把思想政治的专业知识与传统文化相结合,可以从源头上解释许多现代伦理的构成原则及其合理性。因此,把中国文化和高校思政工作有机地结合在一起,不仅是深化和创新内容的需要,而且是高校积极地改革传统思想政治教育模式,创新教学方式、内容,提高教学质量的有益尝试,使得思想政治教育真正能够达成为国家培养出高素质人才的教育目的。

(二)继承和发展优秀传统文化的建设需要

中国的传统文化具有推崇和强调思想政治教育的特点。中国自古以来就被誉为"礼仪之邦",在中华民族传统文化中,伦理礼仪是一种非常特殊的社会现象,占据重要地位。与推崇"智性文化"的西方文化相比,我国优秀的传统文化是一种关于如何培养和教育人,并塑造合适的人文精神及价值观念的文化,因此,我们的传统文化又被称作"德性文化"。在漫长的发展历程中,我们的民族文化积淀、凝结了大量的文化观念,因而建立起了一种系统的伦理制度,它涵盖了个人行为规范、国家政治制度、社会家庭伦理等多个层面,构成了一种以伦理为中心的文化学说。我们必须以传统文化为基础,加强大学生的思想政治教育工作,从优秀传统文化中汲取人文精神,保持我们文化传统的最佳选择。将传统文化中的精华与高校思想政治教育建设相结合,是对我国优秀传统文化传承与发展的必然要求。因此,对中国传统文化进行深刻的探讨,将其发掘和运用于思想政治教育教学之中,才能在深刻地理解和发扬优秀的传统文化的同时,进一步增强大学生的民族自信心。

将传统文化融入大学生思想政治教育工作,也是对传统思政教育资源的挖掘,从而使思政教育在中华民族文化中更具影响力。我们国家的传统文化经过长期的发展,已经形成了深厚的文化底蕴,以此为教学材料开展大学生的思想政治教育,可以提高他们的文化素质,改善他们的心理健康状态,让他们更加了解传统文化,从而增强他们的文化凝聚力与自信心,增加其民族认同感与归属感,让高校更好地培养出专业领域的精英人才,为国家的振兴早日实现中国梦做出自己的贡献。所以,我们必须坚持"取其精华,除其糟粕"的指导思想,在充分肯定文化内在价值的同时,挖掘其符合当代社会的独特价值,将其精华部分融入大学生思政教育中,使优秀传统文化具备现代化价值,走上创新发展的道路。

通过对现代科技观念的自主抉择、积累、扬弃,将其与当代的精神物质生活紧密联系在一起,使其与当代大学生的精神世界融为一体,这不仅是思想政治教学改革的需要,也是传统文化发展的需要。

(三)培养中国特色社会主义建设者和接班人的时代需要

大学生是推动国家强大及社会进步的巨大力量,他们的思想品德教育关系到国家的发展和民族的前途,因而,思想政治教育工作一直是高校教育工作的首要任务。学校要顺应国家的召唤,引导广大青年学子坚定理想,以民族前途为己任,敢于担当起历史赋予的重任,为国家培育新时期的社会主义建设者和接班人。

当前,从我国大学教育的现实发展状况来看,大学生总体道德品质较高,表现出了一种积极、健康的精神面貌。在新一轮信息科技革命来临的今天,信息的大爆发给社会文化造成了多重冲击,大学生的认知水平、价值取向、意识形态等都在不知不觉中被积极或消极地影响着。不可否认的是,仍然有一批大学生,他们有着坚定的理想信念,关心国家和社会,牢记历史教训,为实现中华民族伟大复兴而努力;但是,仍然存在着部分年轻人,出现没有追求、没有理想、性格浮躁、急于求成、盲目崇拜外国文化等问题。在我国的市场经济社会环境中,个人主义、拜金主义、享乐主义等一些不健康的价值观念仍然存在。在社会转型的背景下,推动高校思想政治教育内容创新显得极为重要。我国历来都有"以德治国""以德树人"之说,由此可见,注重思想政治教育始终是社会主义核心价值观之一,是中华民族数千年来的精华所在,有着旺盛的生命力。因此,要加强高校学生的思想道德修养,必须重视内容创新,培育具有良好品格和实践能力的社会主义建设者和继承者。

(四)培养大学生道德修养的需要

"仁者爱人"儒家思想对于大学生个人道德提升具有重要意义。大学生是社会发展的重要推动力量,是担当民族复兴大任的骨干力量,大学阶段是世界观、人生观、价值观形成的关键阶段,能够帮助大学生养成良好的行为习惯、高尚的道德情操。但是在人生发展的这一黄金阶段,也屡屡出现道德失范的状况,部分大学生道德观念扭曲、心智不够成熟和缺少正确的道德判断能力。面对以上存在的问题,在大学生群体中渗透仁者爱人思想,帮助大学生提升个人道德修养,建立规范的思想道德体系,树立正确的道德观、价值观,是当前高校开展思想道德教育的重要导向。加强对大学生的思想道德教育,促使大学生以诚待人、与人和谐相处、主动帮助他人、尊重老师和同学;在家庭生活中,要懂得孝敬父母、长幼有序,并树立尊老敬老的良好家庭氛围;在接受思想道德教育的过程中不断学习进步,用正确的眼光看待自身行为,不断改正自我,在不断学习中锤炼自我,反思自身的思想、行为,培养高尚的道德情操,养成积极向上的人生观,弘扬社会正气,创造美好未来。

(五)加强思想政治教育针对性的需要

"因材施教"仍旧是儒家思想流传下来的重要教学方法。直到现代也是我国各行各业开展教育活动使用的教育方法,并与现代教育理念相融合,也为各类教育活动提供重要参考,为现代教育的发展起到了积极的促进作用。在高校中开展思想政治教育,因材施教是重要的教育方法。在实施教育的过程中,要充分考虑大学生群体可塑性强的特点,做到因材施教,了解大学生思想道德水平以及心理发展实际状况、对于知识学习的偏好等。在平时的教学设计中,要多参照因材施教教学方法的内涵,充分掌握大学生实际状况,关注到每一个个体,并且尊重大学生的个体差异,为不同发展水平的大学生制定符合自身实际的学习内容,选择适合的学习方式,突出学生的主体性,促进大学生积极主动地接受思想教育。充分挖掘每一个学生的潜能,激发大学生开展思想道德学习的欲望,确保思想道德教育的实效性,不断提升高校教育教学水平,完成既定的教学目标,帮助大学生不断提升思想道德境界。

大学阶段开展思想政治教育需要系统的方法论支持,教育过程是一个多项因素相互协调并发挥综合性作用的过程,特别是大学生接受知识范围广,内心更容易受到外来价值观的影响,人格还处于迅速形成阶段,因此,在大学课堂上开展思想政治教育需要采用与时俱进的新内容。但是在因材施教的具体方法上,在高校课堂教学中还没有形成体系,教学活动多数还只是围绕理论学习展开,还没有引导学习者结合理论知识进行社会活动,实践中的活动内容还有待进一步完善。

有效的思想政治教育需要广阔的平台才能有效传播,创新内容同样如此,但是思想政治教育创新内容还没有完全在思想教育载体上广泛传播。思想政治教育载体主要有四类形式,主要通过活动、管理、文化和大众四种载体传播。活动载体的形式主要呈现出多样化趋势,主要有主题会议、党团队活动、群众主题活动、理论学习专题会议,以上活动形式还没有更高程度上的创新内容思想精髓渗透其中。管理载体主要是涉及大学生日常行为规章、思想道德规范等制度性内容制定、实施、监督,以及不适宜内容的修改等,管理载体中尚未渗透足够的思想政治教育文化内容。文化载体的实施,高校始终坚持"百家争鸣,百花齐放"。当前创新内容在高校思想政治教育的内容体系中所占比例不高,不利于新教学内容的渗透。大众载体的传播中,高校专门用于传播优秀思想政治创新内容的媒介稀少,难以在大众媒介中传播。

二、推进大学生思想政治教育内容创新发展的基本思路

"有意思"在汉语中的解释是合情理、有意义、有趣味。在学校思想政治理论课教师座谈会上,针对思政课如何把"有意义"讲得"有意思",如何实现高校思想政治教育内容的创新发展,使教育内容不仅"有意义",更"有意思",需要从内容体系、内容结构和内容载体三个方面共同努力。

(一)内容体系守正与创新

创新发展高校思想政治教育内容,需要创新有效的内容体系来回应对热点问题进行的系统、科学的阐释。与此同时,内容的意识形态特征要求内容体系的创新必须坚持坚定的政治立场,对时代和政治要求作出合理反映。因此,高校思想政治教育内容体系的创新要在意识形态守正的基础上与创新相结合。具体内涵包括以下几点。

第一,从理论维度来看,要将习近平新时代中国特色社会主义思想贯穿于高校思想政治教育内容体系创新的全过程。习近平新时代中国特色社会主义思想是高校思想政治教育内容体系创新的重要源泉,只有通过一条条论述、一个个观点去阐释新思想、新要求和新使命,才能使当代大学生切实感受到所处时代与自身的息息相关,并积极努力投身于建设新时代的伟大征程中。

第二,从历史维度来看,要将革命文化、中华优秀传统文化与高校思想政治教育内容体系相融合。高校思想政治教育内容体系的创新不是脱离了历史的创新,而是要根据历史发展的宝贵经验,汲取革命文化、中华优秀传统文化中的优良传统,在新时代条件下积极创新富有"中国特色"的教育内容。

第三，从实践维度来看，实践是决定自身存在状态的重要因素，高校思想政治教育内容体系的创新亦是如此。这意味着高校思想政治教育内容体系要根据社会实践的变迁而不断寻找新时代的话题。时代的发展和信息技术的兴起带动了当代大学生思维方式和价值观念的转变，高校思想政治教育内容体系只有紧跟社会变迁和时代发展的步伐，创新更加符合时代主题的教育内容，才能拉近与当代大学生的距离，使高校思想政治教育内容的创新不仅适应时代发展，且有情有义，有理有据。

（二）内容结构简化与拓展

高校思想政治教育内容涉及政治、经济、文化、法律等诸多领域，内容领域的特殊性对内容结构提出了新的要求。近年来，有学者对思想政治教育内容理论体系的构建进行探讨，将思想政治教育内容结构划分为"基础性内容、主导性内容、拓展性内容"，也有学者划分为"主导内容、基础内容、通识内容"。迄今为止，学界关于思想政治教育内容的构成要素以及构成要素之间相互关系的界定依旧处于争论之中，稳定的内容结构还没有确立。然而无论何种界定，都应当思考的核心问题是，思想政治教育的内容结构是否符合学科的特有属性，是否符合新时代的发展需要。因此，创新发展高校思想政治教育内容要在内容结构层面对高校思想政治教育内容的逻辑结构进行探讨，将简化与拓展辩证统一起来。

第一，简化那些不符合思想政治教育学科特有属性、不符合时代和大学生发展需要的教育内容，如民主法教育。一方面，按照思想政治教育内容的界定来看，它虽然是大学生一定思想道德的影响因素，但从严格意义上讲，它并不完全属于"思想意识、价值观念和道德规范"的范围。另一方面，从学科属性来看，思想政治教育是马克思主义理论一级学科下属的二级学科，高校思想政治教育的内容应该是围绕马克思主义理论一级学科的指向而展开的，运用马克思主义理论进行思想政治教育是高校思想政治教育内容的主要任务，而民主法治教育显然与该学科属性不完全相符，应当减少在高校思想政治教育内容中的构成比例。

第二，拓展那些符合思想政治教育学科的特有属性、符合时代和大学生发展需要的教育内容，如理想信念教育。理想信念教育是塑造当代大学生社会主义信仰和正确三观、培养理性思维方式的重要教育内容，在理想信念教育中融入革命文化、中华优秀传统文化，不仅可以拓展理想信念教育内容的渗透范围，还可以加深理想信念教育内容的历史文化底蕴，这样既尊重了中华优秀传统文化，也是思想政治教育"思想掌握群众"的本质要求。因此，在内容的创新发展过程中，若内容结构能把握好简化与拓展的辩证统一，会减少一些无意义或重复相同教育意义的内容，避免出现"马其诺防线"，使高校思想政治教育内容的意义与其概念要求相契合。至于如何围绕内容要素来进行简化与拓展，仍是一个不断思考与实践的过程。

（三）内容载体信息与管理

内容的创新需要生动的载体，以适应大学生易接受新事物、新方法的心理特征，让教育内容更生动、更有趣。从某种意义上讲，高校思想政治教育内容载体的创新是一个信息与管理相结合的过程。新时代开启了新征程，而利用信息技术加快推进高校思想政治教育现代化,则是对新时代、新征程的积极回应,也是事关我国科教兴国长远战略的重要举措。当前,大数据、5G、人工智能、区块链等信息技术的蓬勃发展,给高校思想政治教育内容载体的创新带来了很多新的机遇。

第一,要利用信息技术使教育内容形象化。高校思想政治教育内容不仅具有对思想意识、价值观念和道德规范的教育引导功能,还具有对当代大学生的情感培育功能。高校传统思想政治教育的内容过于偏重理论说教和道德规训,如何使这些内容让大学生入脑、入心,突破高校传统思想政治教育内容载体的窠臼,就要善于利用信息技术,采用大学生经常接触、易于接受的内容载体呈现教育内容。在实际教学过程中,不仅要依靠书本、课堂,还要充分利用好信息技术。比如可以开设公众号,将一些理论观点植入热点话题当中,使原本抽象的教育内容成为大学生日常生活中"看得到"的文化形态。

第二,要利用信息技术使教育内容趣味化。大学阶段是个体自我认同感形成和发展的关键时期。面对青春期的自我认同感危机,不仅要及时更新并丰富大学生的有需要的内容,更要创新适应高校思想政治教育的内容载体,增强内容的趣味性,让大学生产生兴趣,从而使大学生更主动地接受教育,使个体的思想道德水平更主动地与社会发展所需要的思想道德水平趋于统一,在价值观念上产生自我认同,促进自我认同感的形成。譬如,用通俗易懂的趣味性文字解读一些抽象的理论观点,运用动漫技术制作宣传短视频,开发系列网络作品来服务于高校思想政治教育内容,让内容以图片、视频、动画等多种大学生喜闻乐见的形式呈现,才能使高校思想政治教育内容更加生动活泼。

第三,要利用信息技术使教育内容安全化。这意味着高校思想政治教育在运用信息技术时,要与建立健全相关管理制度相结合,维护高校网络意识形态安全,正确认识和处理在网络意识形态领域中出现的新情况和新问题,防止错误思潮乘虚而入。只有掌握了高校意识形态工作的话语权,占领互联网这一意识形态斗争的主战场,使社会主义核心价值观逐渐转向公共平台,才能营造良好的网络意识形态环境,使教育内容不仅形象化、趣味化,而且会更加安全化。

综上所述,高校思想政治教育的有效实践来自对教育内容动态性的准确把握。思想政治教育内容是一个开放的系统,它必须同外界交换物质、能量和信息,才能保证自身的良性运行,才能维持其生命力。因此,我们要将高校思想政治教育内容置于新时代的视角下,去探究其创新发展的依据和思路,以适应社会发展的需要和大学生成长成才的需要,使其富有时代性和创新性,不仅"有意义",也要"有意思"。

第二节 大学生思想政治教育内容创新的现状

一、高校思想政治教育内容创新所取得的成就

大学的思想政治教育工作不是一成不变的系统。在中国特色社会主义新时代,大学生的思想政治工作具有了新的内涵和意义。随着信息技术和媒介形态的飞速发展,意识形态的发展日趋复杂,各种非传统信息的出现对大学生的思想政治教育产生了极大的影响,使得

思想政治教育工作更加复杂。在大学校园思想政治教育教学中,教学内容的改革与其思想观念问题有着密切的联系,也会对大学生形成合理的价值观念产生重要的作用。做人要有道德,立德是教育之本。这就是对人进行训练的辩证思维。教育必须遵循这种原则,不然,教育就会变得很糟糕。要以立德树人为衡量标准,要以德育人,明大德,守公德,严私德。要在高校的各个领域、各个方面、各个环节中融入思想政治教育,真正实现"以人为中心""以立德为本"的教育目标。

在这一背景下,大学生思想政治工作的内涵要从思想、道德、文化、法治等方面入手,加强大学生思想道德素质、文化素质和法治素质,注重培养能担当民族复兴大任的社会主义接班人与建设者。

(一)突出了社会主义核心价值观内容

社会主义核心价值观内容是高校思想政治教育内容最重要的组成部分,也是最核心的指导性内容。这一阐述既体现了社会主义核心价值观与实践发展的高度结合,又体现了对传统优秀文化与世界文明成果的继承与借鉴,也深刻剖析了社会主义核心价值观的深刻内涵与理论意义。社会主义核心价值观的建构与发展是随着时代的发展而不断丰富与完善的,直到中国共产党将社会主义核心价值观凝练为"富强、民主、文明、和谐、自由、平等、公正、法治、爱国、敬业、诚信、友善"这24个字,才全面深刻地反映了中华人民在伟大祖国的发展进程中对优秀传统文化的继承与弘扬,对美好生活的追求与向往,对社会价值的诉求与想法。同时,社会主义核心价值观不仅从政治、经济、文化、社会、生态等方面诠释了它的内涵与价值,也分别从国家、社会、公民三个层面诠释了其重要的价值与要求。值得注意的是,它们不是机械地一一对应的、固定的关系,而是一个有机的、相互融合、彼此支撑的辩证统一关系。因此,在高校思想政治教育内容创新过程中不可以将其割裂开来,要正确地引导并论述它们的内涵与彼此之间的逻辑,帮助大学生树立正确的价值观,促进大学生全面成长并成才。

在全媒体时代要促进高校思想政治教育内容的创新发展,就必须积极培育和践行社会主义核心价值观,努力寻找全媒体与社会主义核心价值观之间的耦合点,将社会主义核心价值观贯穿于高校思想政治教育的全过程中,使大学生在将社会主义核心价值观内化于心的同时,也做到外化于行,在实践中不断巩固与发展。例如,可以利用全媒体技术及其特点将社会主义核心价值观通过各类校园网站、公众号、微博进行线上发布与推送,或者也可以通过传统理论课堂、线下传统校园媒体进行讲述与发布,在校报、校刊以及校园广播上进行社会主义核心价值观教育,这样既可以扩大社会主义核心价值观的学习与传播范围,也可以满足大学生个性化、多层次的需求。同时,这种多元化的思想政治教育活动使社会主义核心价值观更加具象化、生动化、灵活化,不仅提升了其自身的吸引力,还可以潜移默化地影响大学生的正确价值观念与思想道德的形成,并使之成为大学生生活与学习的重要动力与精神食粮。

(二)强化了理想信念核心

理想信念教育是高校思想政治教育的核心内容,也是组成思想政治教育内容创新的重要部分。理想信念是青年一代的精神之"钙",如果青年在成长成才的过程中缺了精神之"钙",就缺了指引人生方向的"指南针""风向标",就容易迷失人生的方向。因此,理想信念教育是引导青年找到正确的人生方向的关键因素,也是青年牢固树立正确、远大的理想信念,实现伟大中国梦的重要前提。理想信念反映着大学生的主流价值观,体现着大学生的政治信仰,表达着大学生的思想道德素养与文化素养,是高校思想政治教育的重要内容。因此,高校思想政治教育内容的创新离不开对理想信念的学习。

首先,促进马克思主义基础理论与理想信念教育相结合。马克思主义科学化、创新性的理论体系是大学生树立正确理想信念的基础与前提。中国特色社会主义的理想信念就是以马克思主义理论为基础,通过继承和创新发展而来的。因此,高校思想政治教育要不断加强对马克思主义理论基础的巩固与学习,并在此基础上探索中国特色社会主义的发展历史脉络与客观规律,了解并把握中国特色社会主义的发展特点与时代价值,只有将理论与理想充分结合起来,将马克思主义理论与中国特色社会主义的伟大实践相结合,我们才能用科学的、发展的眼光理解中国特色的理想信念,并自觉、主动地树立正确的理想信念。同时,积极投身社会主义实践,并在实践中进一步理解、巩固马克思主义理论基础,进而坚定理想信念,为实现中华民族伟大复兴提供强大的精神源泉。因此,高校思想政治教育要强化马克思主义理论的学习与宣传,实现理论与大学生理想信念的统一,在理论中坚定信念,在信念中强化理论,相互支撑,彼此推动,相辅相成。

其次,要把社会理想和个人理想联系起来。加强对大学生的思想政治信念教育,有助于指导其正确认识个人与社会、国家之间的矛盾。所以,要强化高校思想政治教育工作,必须坚持把个人理想和社会理想有机地结合起来。在树立理想时,既要坚持自己的理想,也要注重实现社会理想。同时,要把中国特色社会主义的基本理念和中国梦的实现放入理想之中,自觉地与中国的建设相结合,形成一种集体自觉,并加强大学生的社会责任感和国家荣誉感。在社会主义社会实践过程中,要加强对马克思主义科学性和真理性的认识,并不断地探寻中国特色社会主义道路的价值和意义,使个体和社会的理想有机地融合。个体理想的达成取决于其自身的社会理念,而社会理想的实现则是其个人理想实现的价值所在,两者之间存在着辩证的关系,不能孤立存在。所以,在进行理想信仰的培养时,要把两者有机地统一在一起,要注重实现社会的理想和追求,唯有两者相结合,才能发挥作用。只有这样,个体理想得以落实,整体的社会理想也就得以加速。个人理想只有与社会的利益与需求相结合,与集体利益、整体利益相一致时,才可能实现。社会理想是由众多的个人、社会成员共同构建的,只有大家共同努力奋斗才能实现。

最后,强化爱国主义教育与共产主义理想教育。通过对爱国主义教育的不断强化,坚定大学生的共产主义信仰。在爱国主义教育中,要加强党史、新中国史、改革开放史以及社会主义发展史的教育,人们要树立正确的历史观、民族观,青年要用历史的眼光学习思想政治教育内容,了解我们党和国家发展的来龙去脉,提升自身对党和国家的热爱,同时加强青年的政治认同感与民族认同感,强化大学生的爱国主义教育,坚定中国特色社会主义道路,弘扬中华民族的优良传统,促进民族团结,维护社会的稳定,提升爱国主义的热情,让更多的大学生将爱国主义与共产主义理想信念有机统一起来，增强家国情怀，提升对祖国母亲的热爱，坚定社会主义道路的理想信念，并积极引导他们自觉地投身于中国特色社会主义的伟大实践，将自己深厚的爱国情感外化于行，并投身到实现社会主义伟大复兴的实践当中，为中国梦的实现贡献自己的智慧与力量。

（三）提升了文化教育比重

作为新时代大学生思想政治工作重要论述的一个主要组成部分，文化教育是大学生思想政治工作的亮点部分。大学思想政治教育的内涵是以立德为基本使命和核心的，需满足以文化人和以文育人为核心的大学文化素质提高的要求，满足大学生的精神需求，要重视优秀文化对高校大学生道德、思想及价值观潜移默化的影响，使中华优秀传统文化与现代文明厚植于青年大学生的内心当中。

首先，加强优秀传统文化教育，推动文化自信与文化自觉。要加强中华传统优秀文化的继承与弘扬，提高中华传统优秀文化在高校思想政治教育内容中的比重，并以多元化的方式、手段将其进行传播与弘扬，提升大学生对传统优秀文化重要性的认识，增加他们对优秀文化的民族认同感与文化自信心。

其次，也要加强革命文化与精神的学习与教育。中国特色社会主义的繁荣发展与先辈光荣的革命斗争、伟大的革命事迹是分不开的。革命文化教育是革命精神最有效的表达形式，革命精神是革命文化的内核。大学生通过对红色革命文化知识的学习，提升自身的革命情感，学习革命精神，弘扬革命文化，同时在这个学习与感悟的过程中更加坚定自己的理想信念，树立远大的志向与抱负，为实现中华民族的伟大复兴时刻准备着。

最后，加强对习近平新时代文化思想的认识与学习。习近平新时代文化是在继承中发展，并在发展中创新的伟大成果，它是以马克思主义文化理论成果为前提和基础，积极探索中华文化的发展规律与前进方向，实事求是地进行中国特色社会主义文化选择与建设。同时，它又结合了新时代人们精神文化的发展诉求与现实需要，在社会实践中不断转变文化理念，践行社会主义核心价值观并丰富各类文化产品，满足大众多样化的需求。因此，加强对习近平新时代文化思想的学习，实际上也是坚持中国的先进文化的前进方向，对建设社会主义文化强国有着重大意义。

（四）夯实了以道德与法治为基础的内容

立德树人是高校思想政治教育的出发点与立足点。因此，高校要坚持以人为本，德育为先，培育大学生高尚的道德情操，树立正确的道德认知，提升道德判断力与践行力。道德与法律虽然是社会规范的两种不同的表达形式，但却是相互融合、相互支撑、相辅相成的关系。甚至在社会发展到特殊的阶段时，道德与法律的价值取向与精神内核趋于相近甚至相同，道德与法律的基本内容与原则在部分国家也存在趋于统一的现象。因此高校思想政治教育的道德与法治建设是提升大学生道德素养及增强法律意识的重要保障。只有将二者有机融合，辩证地看待二者之间的关系，才能把握二者的核心要领，提升大学生的综合素养与能力,才能培育出担当民族复兴大任的时代新人。高校思想政治教育内容的创新是着眼于中国特色社会主义发展的新要求、新目标展开的,高校思想道德与法治内容的建设与创新必须结合中国特色社会主义发展的历史方位与时代要求,进而顺利、高效地完成新时代育人的使命。因此,高校思想政治教育内容既要加强道德与法律内容体系的优化与建设,又要兼顾二者相辅相成的关系。

首先,高校要不断创新思想道德内容,加强道德规范的教育。一是高校要以传统优秀文化为依托丰富与创新思想道德内容。高校思想道德内容的创新需要弘扬与发展中国的传统优秀文化,坚持继承与创新相统一,借鉴传统文化中的优秀成果,无论是儒家的"仁爱""修身""仁、义、礼、智、信"文化还是提倡"兼爱""非攻"尊重自然发展规律,人与人之间和谐相处的墨家文化,都是中国传统优秀文化的体现,都表达了中国传统优秀文化中的伟大智慧。二是高校要强化社会公德、家庭道德、个人品德的教育。社会公德是每一位公民都应该遵循的重要的道德准则,它是维护社会纪律、维护社会稳定发展、促进国家长治久安的重要力量,也是规范大学生行为举止、培育大学生的集体意识与责任担当的重要手段;家庭道德教育是影响个人道德形成的重要因素,并在潜移默化中影响个人的思想行为,因此,只有不断促进良好家风的传承与教育,形成良好的家庭道德,才能不断提升大学生的思想品德;个人品德主要强调一个人为人处世的原则以及内在修养与外在行为的综合素养。大学生要将道德融于日常生活与行为实践当中去,真正实现内化于心、外化于行。

其次,高校要加强法律素养教育,提高大学生的法律意识。因此,除了国家层面制定的法律法规外,公民个人的法律意识、法律观念与思维也是至关重要的。高校在创新思想政治教育内容时,要充分结合大学生法律素养的现实情况与新时代"依法治国"理念的新要求,加强大学生的法律意识、法治观念,提高他们运用法律维权的能力。一是发挥课堂教学主渠道,将法律知识、法治理念贯穿到整个思想政治教育的过程当中,并及时融入一些典型的案例,帮助大学生深入理解法律知识,同时,也要在课堂教学过程中加强媒介手段的应用,以扩大法律知识的普及范围,增加吸引力与影响力。二是崇德明法,将道德教育与法治教育相结合。一方面加强道德教育引导,另一方面强化法律约束,将道德规范与法治理念渗透到思想政治教育过程中,在论德释法的过程中不断引导大学生依法行使权利,依法履行义务。三是提高教师队伍的法律素养。高校思想道德修养与法律基础课的教师是提升学生法律素养与思想道德的关键,因此,高校要加强对思想道德修养与法律基础课教师有关法律知识的培训,不断提升教师的专业知识素养;健全教师培养与学习管理机制,制定严格的法律教师准入机制,提升教师队伍的专业性,提高高校道德与法律教育的针对性与有效性。

二、高校思想政治教育内容创新存在的问题

(一)高校思想政治教育内容创新研究的理论纵深不足

思想政治教育作为一个新兴学科,经过近40年的发展与建设,已实现从"无论到有论",

从"框架到体系",从"经验到科学"的飞跃与升华。但从创新发展来说,高校思想政治教育存在重前沿问题探索而轻基础理论纵深挖掘,重外在影响因素驱动而轻自身要素内生驱动等问题。具体表现为,高校思想政治教育虽能够站在党和国家教育发展战略的高度,明晰其时代使命,把握其面临的重大现实问题,着眼学科前沿论域,拓深、拓展其"专业学术槽",探索自身改革创新。但是,当前高校思想政治教育主要是从国家宏观教育政策、网络科技创新、社会多元文化思潮等维度出发探索改革思路和创新策略,注重外在影响因素倒逼高校思想政治教育被动式改革创新,而较少立足自身基础理论和精神特质探索主动适应社会发展形势和时代发展需求的改革创新,特别缺乏对于自身的元理论的纵深挖掘,以支撑其科学谋划、适时改革、适度创新。从本质上说,高校思想政治教育创新是以思想政治教育学科理论基础为依据,以思想政治教育基础理论为主体,以其元理论问题的纵深挖掘和深度明晰为着力点,支撑高校思想政治教育改革创新整体大厦。如果忽略元理论问题研究,缺乏理论基础和基础理论支撑,则可能导致高校思想政治教育创新研究浮于思想政治教育理论之上,脱离思想政治教育精神特质,无法真正回答和解决高校思想政治教育的时代使命及其创新进程中面临的理论与实践难题,甚至造成其定位不准、发展偏向、功能错乱、路径虚化等问题,而这种盲目追新的研究将会淡化高校思想政治教育研究的学术性和专业性,这种缺乏理论支撑的创新将会阻碍高校思想政治教育创新的科学性与实效性。

(二)高校思想政治教育创新内容研究的系统联动不足

高校思想政治教育是一个复杂系统,推进高校思想政治教育创新是一项复杂系统工程。从静态要素构成来说,高校思想政治教育系统是包含发展理念、教育主体、教育对象、内容方法、载体媒介、话语体系、教育环境等多种要素在内的整体系统,具有整体性、有序性和关联性等特点。从动态实施过程来说,高校思想政治教育系统是教育者遵循思想政治教育理念目标,借助思想政治教育内容方法、载体媒介、话语体系、教育环境等内在结构要素与受教育者进行教学互动而形成的有机教育活动,具有联动性、过程性、递进性等特征。可以说,高校思想政治教育的静态要素是动态过程的基本支撑,是教育者整合与运用高校思想政治教育各要素作用于受教育者的过程。高校思想政治教育创新研究不仅需要关注其静态构成要素的个体创新发展,也需要关注其动态过程的整体创新建设。然而,目前高校思想政治教育创新研究侧重关注传统高校思想政治教育面临的新形势、新挑战、新困难,而追求发展理念、方式方法、载体媒介、话语体系、途径渠道等方面的个体创新,这在一定程度上推动了高校思想政治教育的创新,但也容易造成其系统联动不足,出现理念多元、结构分化、环节断裂、资源孤立、方法失准、功能碎片等问题。基于此,面对高校思想政治教育创新分化现象,以马克思主义整体观为指导,确立系统思维和整合观念,借助现代科学技术手段,统筹考察高校思想政治教育创新的整体性和联动性,并通过系统认识、系统分析和系统综合,从整个系统上对高校思想政治教育创新进行把握和探索,将成为推进高校思想政治教育创新的重要趋势。

（三）高校思想政治教育内容创新研究的交叉融合不足

自学科成立以来,思想政治教育学科逐渐意识到学科交叉思维和方法对于自身建设的重要性,并将其运用于高校思想政治教育创新研究,形成思想政治教育学科与多学科交叉融合以破解高校思想政治教育理论命题和实践难题,促进其创新发展、体系建构和顺畅运行。纵观近40年思想政治教育学科与相关学科交叉研究成果,哲学、政治学、心理学、社会学、传播学等成为与思想政治教育学科交叉融合研究的热门学科,国家治理、人工智能、网络信息技术、社会文化现象等成为与高校思想政治教育交叉融合研究最为密切的领域。但是,目前学科交叉驱动高校思想政治教育创新研究还存在以下不足：一是在交叉融合研究中存在位移偏向,忽视自身基本属性和功能作用的内在规定性,造成高校思想政治教育的其他学科特质凸显而自身创新发展"失真"。二是在学科交叉融合研究过程中存在移植嫁接现象,即将相关成熟学科的思想理论和研究方法直接生搬硬套到高校思想政治教育创新研究,拔苗助长式地促成其研究新论域和新生长点,致使自身创新发展"失基"。高校思想政治教育创新的学科交叉研究存在的"失真""失基"等现象均违背了马克思主义实事求是的基本原则,教条地运用相关学科思想理论与研究方法推进改革创新,使研究浅尝辄止、浮于表面,而无法做到纵深融通、系统全面。高校思想政治教育创新的学科交叉融合研究需要在立足自身的学科特质和学科边界的基础上,聚焦高校思想政治教育理论与实践活动,拓宽学科交叉思维和视野,从低层面的学科交叉移植发展到深层次的学科交叉融合、互补迈进,促进高校思想政治教育的创新发展。

第三节　大学生思想政治教育内容创新的对策

对策,也就是通常所说的方法和策略,是指两件事物之间的某种关系,对策的提出需要同时具备理论意义及实践意义。因此,对当前创新内容与大学生思想政治教育的融合对策研究,既要关注理论层面,也要从实践层面上进行思考。

一、提高创新内容融入大学生思想政治教育的程度

（一）加大宣传力度

加强对思想政治教育创新内容的传播,使创新内容渗透到学生学习生活的各个领域。在学术交流、学术展示等活动中,学员们可以在良好的学术研讨气氛中尽情畅游,感受着思想政治创新内容特有的韵味。同时,要加大政府对创新内容的宣传,比如利用政府机构的各种途径和方式来弘扬创新内容与思想。这样的政府推广是建立在政府的认可和支持之上,然后层层推进,推广到每所学校、每名教师、每位学生,让创新内容理念真正从理论走向实践,从决策层普及到每一名普通大学生,真正发挥其重要作用。当今社会正处于一场新的资讯科技变革时期,这是资讯快速流动的年代,透过网络进行资讯和信息传递已是顺应潮流的重要途径。在二者的融合中,教师可以利用微博、视频社交网站、短视频平台等方式帮助学

生主动地学习思想政治教育创新内容,回答他们关于新内容的疑惑,还可以与互联网上千万用户交流所思所想。通过互联网,学校可以进行各种形式的教学活动,如"知识比赛",激发学生对新内容的兴趣,激发他们的学习热情。

(二)发挥榜样作用

哪里有师德,哪里就有美德。大学要从源头上加强师德教育,转变教育观念,进行内容创新,不断提升学生的专业素质和综合素质。在培养学生的人文素养和文化素养等问题上,应进一步强化榜样和教师队伍在教育中的示范作用。在实践中,教师要把优秀的创新内容贯穿于整个思想政治教育工作的全过程,结合国家、社会、学生的实际情况,组织各类主题活动。如对红色文化的创新中,可以开展纪念历史大事件、爱国主义的宣传活动等,使民族精神与时代精神不断得到继承与弘扬。

在高校开展思想政治教育工作时,应把关注的焦点放在发掘优秀人才和榜样人物上。一个模范的力量不容低估,榜样的言行举止是所有大学生的楷模。榜样人物的优秀品格,如自强不息、艰苦奋斗、团结友爱等,不仅继承了我们民族的优良传统文化,更深刻地感染着他们周围的每一名大学生,让他们更加深刻地认识和实践传统美德。教师要引导学生以模范人物为榜样,在学生集体中形成以先进带动落后的氛围。尤其要指出的是,在甄选模范时,不仅要关注榜样在某个专业领域的"标杆",还要对其在志愿服务、文体活动、科技创新等各领域的突出表现进行全方位的考察,从中选出"最佳"的典型代表。

(三)培养大学生的自主学习能力

自主学习是培养大学生人文素质的重要途径。首先,大学生要明确地认识到自己的学业目标,发现自己的学习动力,从而激发自己的学习兴趣。兴趣是启蒙教师,对学习兴趣的培养是大学生对所学知识进行深度研究的一种重要手段。人们在教育心理学的研究中发现,学生的学业成绩与他们的学习动力有很大的关系。其次,确定学生的学习目的和规划是指导学生自主选择的方向标。教师在提高学生自学能力方面,既要重视学生的兴趣,又要针对不同学生的教学目的和教学方式,准确的学习目的是指引他们前进的方向,而科学的教学方式则是提高教学效果的助推器。最后,要引导学生经常进行自我检讨,定期总结,对自己进行客观评估和严肃反省,寻找最适合自己的学习模式。《论语》有云:"见贤思齐焉,见不贤而内自省也。"自我反省和慎独在大学生思想政治教育教学中具有举足轻重的作用,是当前高校学生急需被培育的优良品格之一。

(四)加强创新内容价值的心理认同

高校教师必须从思想政治教育创新内容的价值认同方面入手,使大学生认识新内容的过程从被动学习到自觉发展,心理认同是从自身发展出的内在动力,从简单到深刻,从表层到深层,心理认同可以使创新内容植根于大学生的内心。在认知的基础上,大学生要善于将已经形成并掌握的知识体系与思想政治教育的创新内容进行有机结合,积累自己的文化沉淀，使思政创新内容也能拥有长久魅力。

要让学生在精神上真正地接受创新的思想政治教育内容，就必须有一个循序渐进、潜移默化的进程。从理论上讲，新内容的价值定位可以分为两个层次：一是学校和教师的身份，二是学生的身份。高校学习是大学生进行良好的思想传承和发展的重要途径。为此，我国大学要在创新内容教学设计上着重加强对学生的培养。只有这样，才能够把优秀的新增教学内容与原有的思想政治教育内容体系结合起来，把思想政治教育创新内容和学生的思政活动结合起来。在这一融合的全过程中，除了学校自身的主导地位外，还应强化对大学生精神层面的认知，使其从根本上认识到创新内容的价值，从而在思想上与思想政治教育创新内容相结合。在融合的进程中，要以学生的主体身份来设立教育目的，要在其所能承受的限度之内，从思想认识、理想信念、情感交流和意志训练等方面入手，制订出一套切实可行的教学计划，让他们在精神上真正认同思想政治教育新内容，并将其应用于他们的实践活动之中。

二、加强创新内容融入高校思想政治教育的教师队伍建设

在新时期，加强教师队伍建设，提高教师素质，是创新内容融入思想政治教育的重要手段，便于教育教学活动顺利迎接新挑战，开辟新道路，创造新辉煌。传统的教师文化素质对教学的质量有着重要的作用，对创新内容教育是否能够得到切实的实施起着重要的影响。由此可见，教师队伍的全面建设将对教学的质量产生很大的影响。

（一）教育队伍要先学先行，提高创新内容素养

高校思想政治教育工作的内容创新融合要结合多种教学方式和手段，而思想政治教师作为其中重要的教学主体，是非常重要且不可或缺的。作为学生的"传道人"和"解疑人"，教师在大学教学中担负着重要的职责。要让内容创新更加顺畅、系统地与大学生思想政治教育工作融合，首先要把创新内容纳入教师的心灵之中。作为一名全职的大学思想政治教师，创新内容的教学不应该仅仅停留在浅尝辄止的理论上，更应该充分利用新课程的新内涵，把日常教学中的创造性的内容与现代的思想政治教育的课程需求紧密联系起来。这就需要大学思政教师本身具有很强的创造性能力，而所谓的创造性知识和能力，就要求教师不仅要懂得这些知识，还要懂得这些知识的内涵；不但要熟知，更要会应用。在大学的思想政治教育中，要把创新内容的内涵与既定的教学目标结合起来，既要靠单一的思政教师讲授的通识课和选修课教学，又要把它纳入学生的专业课程教学中；教师既要具备教学的技能，又要具备培养人才的素质。总之，在学科领域，不仅要培养学生的专业技能，还要培养他们的思维能力，使他们在未来成为双向发展的人才，这就要求其他任课教师也具备一定的创新思想政治教育内容知识素养。对于教师的创新内容素养的学习，可以采用不同的方法进行，比如统一学习思想政治创新内容课程，阅读相关的书籍；还可以成立一个思想政治教育小组，教师可以在课堂上进行集体的讨论，从而提升自身创新内容的知识素养。在教育队伍中，要营造一个良好的学习环境，才能让学生在教师的引导下主动学习，真正让教师深入学生的心灵，滋润他们的灵魂。

（二）教育队伍要形成合力，实现系统化

中共中央、国务院印发的《关于加强和改进新形势下高校思想政治工作的意见》中指出：加强和改进高校思想政治教育的基本原则中包括坚持全员全过程全方位育人，把思想价值引领贯穿教育教学全过程和各环节，形成教书育人、科研育人、实践育人、管理育人、服务育人、文化育人、组织育人长效机制。可见，新的时代背景下，大学生的思想政治教育工作不仅要担负起新任务，还需要将其置于整个教育教学的各个环节中。只有把思想政治教育观念渗入每一个教学过程中，才能使学校的思想政治教育工作达到全方位、全过程的育人效果。教育队伍的合力建设主要体现在以下方面。

首先，教师是传统教育工作者最基础、最重要的组成成分，承担着很大一部分的教育职责，而课堂又是学校教育教学的主阵地。要使高校德育工作主阵地的功能最大化，就要深入挖掘思想政治教育工作的内涵，并与社会各界关注的问题相联系，通过多种方式，增强学生的学习热情，实现思想政治教育工作的目标。

其次，作为大学生思想政治工作的一部分，辅导员在大学生的思想政治工作中起着举足轻重的作用。大学班级中，辅导员是与学生联系最多，也是他们最信赖的教育工作者，辅导员对他们的心理活动比较熟悉。在日常生活及学校组织的各种活动中，以及与学生的谈话中，应能够准确、客观地了解大学生的心理状态，引导他们在不知不觉中树立正确的政治取向，坚定自己的理想信仰，所以，构建高质量的辅导员队伍心理咨询师是非常关键的。

最后，为了让高校思想政治教育工作的指导和宣传工作落实，顺利发挥基础作用，学校相关的教育工作人员也应不断提升自身思想政治工作的意识，自觉主动学习相关知识并运用于工作中，促进高校思想政治工作的顺利开展，让思想政治教育在大学生群体中的指导性作用得到切实发挥。

（三）教育队伍要以身作则，发挥示范作用

高素质的师资队伍是培育德才兼备的社会主义接班人的根本保障，而教师既要传授知识，又要做好品德教育，帮助大学生塑造健康个性。教师要做好榜样，以身作则，要在教导学生前做到自我约束。当前的大学生，从中学时代过来，他们所经历的一切都与以往截然不同，这个时期教师的一言一行将会为他们将来的成长起到很好的榜样作用。作为一名教育工作者，只有把自己变成了一名优秀的教育者，这样他才能够更好地担负起引导作用。我们倡导立德树人，就是要使广大的大学教师具有崇高的道德品质，从而对学生进行思想政治教育，而他们所倡导的道德品质则是建立在中国优秀的文化基础之上的。要使中国优秀的传统文化与大学的思想政治工作紧密结合，必须重视教师的角色，以更高的标准对自己进行严格的自我约束，把"仁义礼智信"作为塑造教师自我形象的立身之本，从而使他们能够对中国优秀的传统文化所倡导的理念进行正确的指导，并将之融入实际的工作之中，进而达到理想的德育目的。

(四)加强师资培训力度,提高教师业务素质

要使思想政治教育内容创新顺利融入教育教学中,必须强化对师资专业水准的培训,职业要求如下。

一是教师要具有深厚的文化底蕴,能准确、深入地表述出自己所学的文化知识,并能避开目前教育中可能出现的过于笼统和牵强附会的状况;二是教师必须具有良好的思想政治素质,能够准确地掌握当前党的方针和路线,以马克思主义的观点为基准来进行理论内容创新。大学教育队伍必须具有以上两项能力,才能获得较好的教学效果。为此,大学应聘请各专业领域的人士为教师提供有针对性的教学培训,从而深化教师在核心问题上的系统研究。此外,教师要主动参加有关的研究课题和学术讨论,加强对相关思想政治教育专业的深入研究,改变传统的教学方式,采用现代化的教学方法进行灵活的课堂教学,以提高教学质量。

三、营造创新内容融入大学生思想政治教育的环境

高校对学生实施的思想政治教育工作,与社会、家庭、学校等外部环境密切相关,在某种意义上,优秀的社会文化氛围与其创造性的内涵有着密切的关系。要使创新内容与大学生思想政治教育真正地结合起来,就需要充分调动社会、家庭、学校等各方力量共同努力,多方配合。

(一)构建社会思想政治教育育人格局

社会环境在融入各种教育要素的同时,也在一定程度上影响着人类的思维形态与价值观,从而对教学的内涵、方法产生一定的影响。高校学生的思想政治教育工作也需要一个大的社会背景来支持,在整个大时代背景下,思想政治教育工作必须得到充分的重视,这样才能为二者的融合打下坚实的基础。只有有了高度自觉的文化意识,有了对文化的信心,才能推动全社会的发展,形成一个平行、多元发展的教育环境。

第一,在弘扬思想政治教育创新内容过程中,国家和政府担当着特别重要的引导者和推动者的角色。这一角色要求在新时代背景下,充分发掘和利用优秀的思想政治教育的创新内容资源,并充分利用大众传媒和新媒体的力量,加强对创新内容的宣传。充分运用各种不同形式的媒介,如宣传橱窗、展板、板报等,推动思想政治教育创新内容的传播,使社会工作人员和领导干部也具有一定的参与意识,带动全民学习。通过现代的互联网技术和新兴消费文化的结合,让富有创意的教育内容能够以一种全新的、独特的形象出现在大学生的面前,将现代的商业技巧和创新内容通过书籍、影视等形式展现在学生的面前,从而更好地引导学生自主学习思想政治创新内容。

第二,在组织过程中要设立相关的机制和制度,制定并实施注重创新内容的制度,从领导体制、规章制度和经费预算等方面进行全面的保证,建立起内容创新性的保护和传承机制,保证创新内容能够在全社会的支持下保持恒稳进行。要加强与改进相关的法律法规,营造一个积极的舆论环境,使全社会形成宣传思想政治教育创新内容的良好

氛围。

第三,要把思想政治教育工作与全民教育结合起来,让人民群众积极参与到宣传和实践之中,主动承担起思想政治教育的传承和发展任务。首先,要建立健全意识形态工作制度,媒体可以在报刊上开设专题专栏,设立专题出版物,进行新媒体时代独特的思想政治教育宣传工作,开展创新交流活动,提高新内容的吸引力,形成良好的社会舆论环境;其次,要举办关于思想政治的讲座、公演等活动,把艺术与教学结合起来,让思想政治教育的创新内容加入电视、书籍中,让观众对创新内容的学习兴趣得以提升,逐渐地与日常生活融为一体;最后,要主动地指导社团和组织尽量开放有关的各种资源,让民众能够更好地理解思想政治内容。当全民全社会都进入重视思想政治创新内容的良好氛围中,才能使其更好地融入思想政治教育。

(二)优化高校育人环境

1. 完善高校思想政治教育的制度构建

要使大学思想政治教育教学工作得以正常、平稳地开展,必须建立健全的体制结构。各级学校要建立起对学生进行思想政治工作的领导责任制度,并制定具体的工作内容和职责,从学校、学生会、社团等组织层层重视、层层推进。高校要加强教师队伍建设,建立相应的培训制度、人才储备制度、管理制度和资金制度,确保在充分支持的前提下实施制度构建。针对学生的思想政治教育,要建立相应的评价体系,以充分体现他们的学习情况和参加程度,并给予相应的奖励,以此来激励和促进学生的积极参与,形成良好的学习氛围。

2. 营造良好的校园文化环境

学校在加强校园文化建设的过程中,要注重校园文化环境教育,营造良好的校园文化氛围,充分发挥其在隐性教育中的作用。积极利用走廊、教室、办公室、橱窗等空间设置思想政治教育的内容营造一种立体式、多维的文化环境,让大学生在无形的环境中接受新的思想政治教育的内涵。另外,"三风"建设是学校的软性文化建设的体现,学校要营造良好的教风、学风和校园风气。改善教育风气,教师要身先士卒,一心一意地教导学生,对待学生和蔼可亲,为学生树立榜样。营造良好的学风,就是让学生学会自学,亲自体验、感受,并不断地努力。良好的校风可以锤炼学生的意志,淬炼他们的品质,凝聚他们的精神。

(三)树立家庭育人观念

社会教育是集社会各成员力量于一体形成的教育。构建社会环境就是指在社会各方面的优势能力下,通过多种社会途径和方式为优良家教家风对大学生进行思想政治教育提供有利条件。"人的本质是一切社会关系的总和。"发挥优良家教家风在大学生思想政治教育中的作用,不仅要考虑学校、家庭教育在继承优良家教家风方面的影响,还要着重分析在社会这个大熔炉中如何倡导继承优良家教家风,构建一个有利于优良家教家风教育大学生的良好社会环境。

1. 弘扬优良家教家风主旋律

要在理论宣传、新闻媒体、文艺出版等领域继续发扬思想政治优秀传统,不断丰富和升华社会成员的精神境界,为大学生思想政治教育营造良好的家庭氛围。首先,要强化家庭美德的正面宣传,以优秀家庭教师和学生榜样为主要内容,以最贴近生活的真实案例来传播主旋律。其次,各类网站要紧紧抓住良好的家教家风这一重要方向,运用各种方法和途径,积极挖掘家教家风的资源,组织开展丰富多彩的优秀家教家风和思想政治教育活动。各个主媒体要不断地更新宣传内容,在宣传形式上进行改革和创新,真正提高宣传内容的吸引力,提高宣传形式的吸引力,要起到引导作用。最后,要加强优秀的家教、家风和文化产业的建设,为大学生提供更好的文化产品和文化服务,使大学生在文化消费中得到心灵上的洗涤。文化和旅游部要把文艺行为文化深入学校,特别是优秀的家庭美德和家风以艺术形式走进校园,以一种源自生命、超越生命的文化内涵充实大学生的精神世界,同时要以身临其境的形式参观,感受爱国主义教育基地和优秀家教家风教育基地。用一颗热忱的心去聆听动人的故事,能够让大学生的情感得到升华,从而提升自己的心智。在红色基地中,有中国人民团结奋进、艰苦奋斗的精神,有名垂青史的家训,有中国人民在这一百多年的艰苦奋斗。广泛开展文明家庭创建活动,挖掘和整理家训、家书文化,用优良的家风家教培育青少年是这个时代的发展对大学生群体的重托。在我国,要大力弘扬良好的家庭文化环境,强化大学生身体素质、心理素质和品行素质。因此,必须紧紧抓住两条主要途径,即"爱国主义教育基地"与"优秀家庭教师"的"家训",发挥各类博物馆、纪念馆、烈士陵园等的作用。

2. 营造良好的育人环境

良好的社会舆论会起到思想政治教育的显著效果。各级党委和政府要出台营造良好育人环境的政策和措施,用制度保障来保证社会的政通人和。整个社会风气的好坏直接影响到每一个具体的个人、每一个家庭,以及整个社会的道德素质水平。在社会大环境中,首先要营造弘扬和传承优良家教家风的社会舆论氛围,提高整个社会对家教家风的重视,这样不仅助于中华优秀传统文化的发扬光大,也为大学生思想政治教育扫除了一定的社会障碍,为大学生思想政治教育的顺利进行增添了动力。例如,以轻松的旅游参观享受型形式为优良家教家风教育提供全新的教育环境和饱满的精神状态,为大学生思想政治教育工作的有序进行提供有利契机。其次,在社区、街道进行走街串巷的优良家教家风宣传,发挥优良家教家风典型在基层社区、街道的示范带头作用;开展"五好家庭""最美家庭""优良家教家风传承先进"评选活动,并通过广播、电视、网络等传播载体进行广泛宣传,形成人人重家风、人人讲家教、人人崇尚道德的良好社会风尚;组织各类媒体拍摄家教家风微电影、宣传片和公益广告,将碎片的家教家风经过艺术加工后呈现中华优秀传统文化历久弥新的魅力,熏陶、感染每一个家庭,从而也达到加强家庭建设的目的。最后,着力推进校园周边环境的优化和改造。利用电子屏的投放将优良家教家风相关的人物、事件、影响等向社会进行广泛传播和宣传,形成积极正面的社会效应;绘制优良家教家风文化墙,以故事的形式向人们演绎优良家教家风,加深社会成员对优良家教家风的理解和认同,营造良好的育人环境。

3. 加强制度的保障

改善家庭道德风尚和社会文明风气，仅靠个人道德自觉、学校教育引导、社会舆论宣传等很难从根本上实现人心崇德向善，扭转社会风气。因此，在社会中倡导继承优良家教家风，除了以优良家教家风强化家庭教育、学校教育和社会环境外，还需出台相关的制度和法治等配套政策提供支持。如出台优良家教家风文化遗址保护政策，对破坏或损毁优良家教家风典型代表人物雕塑、画像等行为进行处罚，将优良家教家风传承纳入《中华人民共和国民法》。继承和发扬优良家教家风，并充分利用其对大学生进行思想政治教育内容的补充和延伸作用，首先要解决好两个问题：一是要保存和发展好优良家教家风。发展的先决条件是保存，同时，发展也是最好的保障条件。因此，在加强内容创新的同时，要做到文化挖掘、整理、传承、展示等全过程都有严格规范的制度保障。比如，要对一个区域内优秀的家庭、家教、家风资源进行调查、收集、整理，制定一整套科学的、规范的管理体系。二是要用日益完善的法律体系，为良好的家庭教育的继承与发展"保驾护航"。既要以严厉的法律法规来保障其继承和发扬，又要利用法律体系的强大力量使中华优秀的传统文化不断地在思想政治教育工作中发挥其创造力。

总之，发挥优良家教家风对大学生思想政治教育的作用，离不开父母在健康的家庭环境中用科学的教育方法对大学生的言传身教，离不开高校大课堂利用优化的教育方法和丰富的教育形式向大学生进行优良家教家风的理论宣传教育，也离不开在制度保障下营造良好的社会环境来弘扬优良家教家风主旋律。

（四）增进教育环境间的沟通以形成合力

1. 加强社会教育和学校教育之间的联系

当代大学生的心理状态主要是受到自身生活条件、生活环境的制约和影响，而其自身的价值观念也是如此。大学思想政治教育要把当前的社会风气、文化广泛性、社会流行资源等因素考虑进去，而不是一种只存在于理论之中的幻想言论，它必须与社会实际相联系，这样才能对学生产生正面的影响。在学校里，教育不应该局限在课堂里，而是要通过各种形式的文化来吸引学生，通过文化活动来传授知识，既可以激发他们的学习热情，又可以让他们的思维活跃起来，传播正能量，顺利掌握分辨是非的能力。

2. 加强家庭教育和学校教育之间的联系

家长与教师之间的关系应是稳定的，要持续、高效地沟通，分享双方的教学方法与教育资源，加强双方的交流与互动，更能促进学生对思想政治教育相关理念的正确认识。父母与教师可以通过电子邮件、电话、手机等方式来加强沟通与交流，这样父母就能及时掌握自己孩子在校园里的行为和心态发展，从而在家庭教育环境中做出更好的应对。另外，家长的反馈意见也是学校教育的重要参考意见，它反映了学生在家庭里的心理状态、行为动态，帮助学校纠正教育中的错误，增强针对性教学效果，从而让每个大学生都能朝着正确的道路前进。

3．加强家庭教育和社会教育之间的联系

国家、社会是一个个小家庭组成的，它们之间是互相补充、互相依存的。社会大家庭中的每个个体也是小家庭的成员之一，小家庭尽全力维护大家庭的和睦，家庭的每一个成员都有责任和义务去为维持整个家庭的和谐而做出努力，同时，家庭也需要维护社会的和谐，推动社会的发展。所以，在进行家庭教育的时候，父母要牢记自己和子女需继承和发扬中华民族传统美德，教育孩子要坚守合格社会人的角色，为促进全社会的和谐发展贡献力量。此外，社会教育也应该大力推进家庭教育，采取切实、科学、高效的措施，使全社会保持一种良好的社会氛围，只有两者相辅相成，才能让思想政治教育内容创新顺利开展。

第七章　大学生思想政治教育的机制创新

第一节　大学生思想政治教育的机制概述

我国对大学生的思想政治工作给予了高度关注,并不断地进行完善,对其地位和作用、方针和原则、内容和途径、方法和手段都有了清晰的界定。当前,在探索大学生思想政治工作新途径的前提下,应探索其机制改革,这是时代发展的需要。

一、大学生思想政治教育机制内涵与特征

要研究高校思想政治教育的机制创新问题,我们首先要了解机制的内涵及特征,其次要对思想政治教育机制进行深入解构,在此基础上领会高校思想政治教育机制的含义,以及其具有的优化整合、能动发展和动态育人的功能。

(一)机制的内涵

机制又称机理,本是机械学上的概念,在《辞海》和《现代汉语词典》中,机制被解释为:第一,机器的总体构造和工作原理;第二,有机体的构造、功能和各器官间的相互关系;第三,某个复杂的工作系统或某些自然现象的演变规律;第四,泛指一个工作系统的组织或部分之间相互作用的过程和方式。在《现代英汉综合大辞典》中,机制(mechanism)被解释为:机械,机械装置(结构);(自然现象等的)作用过程;机理(制);(化)历程,进程;(生)机能;(心理)作用机理。

总的来看,机制的最初含义是机械的内部结构和运转过程中各个零件的相互作用和工作机理。在自然科学中,机制是指机械作用原理、作用过程及其作用机理;在社会科学的研究中,机制是指社会各政治经济文化活动的相互关系、运行过程及其所产生的整体影响或社会组织和机构内部的组织和运行机制。机制应该包括如下基本含义:它是由各要素按一定组合方式(结构)构成的整体;它的作用状态和它的结合形式是一个有机组成部分。各个环节的职能是在社会运作的全过程中与其他因素的互动来完成的。机制不只是简单地牵涉事物的建构或事物的运作,而要将二者有机地联系在一起,探讨组织与运作的互动及其所反映的法则。机制的自我组织性能够让整体内部的各个部分相互适应、制约和自我调节,其功能是耦合的,其形式是动态的,因而,我们把机制看作是一个物质的运行模式和运行的一个程序,它由某种原理所构成。它的最初含义包括:第一,它注重内部的规则,不同于简单的表象描写,而是通过表象来了解事情的内部规则;第二,重视整体性,重视探究机制客体各

个构成要素之间的相互关联与相互作用,其机理并非泛泛地归纳,而应体现事物构造与相互作用的法则;第三,对权力的重视,机制的产生既有自然因素,也有人为因素,社会层面上当机制建立后,就会产生很强的约束作用。

(二)思想政治教育机制解构

在我们将"机制"的观念引进到高校思想政治教育的时候,就必须对其进行全面的研究。从全局来看,机制就是将思想政治教育看作一个有机的整体,对其运行的原因、动力、功能以及与其他因素的互动状态进行研究。第一,把思想政治教育看作一个有机体,考察其运作模式及其内部的各种有机成分相互影响、相互作用、相互配合的情况;第二,机制的作用体现在各有关因素的作用之中,机制作用的实现取决于各要素的相互衔接、协调和补充以及各要素的作用是否表达完善;第三,这是一种以某种形式和法则为基础的动态的结构性进程。从系统论的观点看,思想政治教育机制本身就是一个相对独立的多层级的操作系统,涵盖思想政治教育体系各部分、各层面以及思想政治教育运行过程各阶段、各节点之间的联系方式和操作机理。就本书研究重点而言,高校思想政治教育机制系统包含管理机制、过程机制和保障机制等子系统,内容就极其复杂。管理机制子系统本身又包含领导机制、协调机制、激励机制、责任机制、评价机制、队伍建设机制等孙系统;过程机制子系统本身包含主体机制、内容机制、目标机制、育人机制、执行机制、反馈机制等孙系统;保障机制子系统本身包含投入机制、制度机制、运行机制、舆论机制、环境机制、治理机制等孙系统。各子系统之间、子系统与孙系统之间、各孙系统之间均构成相互联系、相互作用的有机统一的整体。

(三)高校思想政治教育机制的功能

从大学生思想政治教育机制的含义可以看出,高校的思想政治工作机制是大学实施思想政治工作的各个组成部分由于某些机理所产生的因果联系和运行模式,是大学思想政治工作制度内部各因素之间的相互联系、相互作用、相互制约的连接方式而构建起来的工作体制、管理规范和工作方法。大学生思想政治教育工作是一种动态的运作程序与制度,它具备下列基本职能。

1. 整合与完善

高校思想政治教育是一个动态的体系,它首先要根据特定的目标将各种因素按某种组织结构和规则体系一起来,形成一个完善的有机整体。在这种情况下,由于机制一体化的特征,其作用是局部多于整体的,而在同一时间,各成分间又会形成某种相互约束的组织,表现出整合的趋向性,并反过来作用于机制本身,让这种整合产生部分大于整体的完善功能。这是其运作的基本出发点,也是其主要职能[1]。

---

[1] 刘基. 高校思想政治教育论[M]. 北京:中国社会科学出版社,2006:203-204.

2. 发展职能

大学生思想政治教育工作机制一经建立，便成为一种协同高效的运作体系。一方面，它发挥着对受教育者的积极影响；另一方面，它还具备自我调节和自我完善的能力，可以根据各种制度因素的变动来调整和改善，适应不断变化的形势，进而推动思想政治教育的自我发展。大学思想政治教育工作的主体——教育者与受教育者——对事物和规律的认识和把握，是一个不断发展的过程。随着时间的推移，人们的思想认识和理论水平也会不断地深化和完善，因此思想政治教育机制也会随之产生变化，不断适应社会层面给思想政治教育主体所带来的新内容。从这里可以看出，大学生思想政治教育机制还具备了一种开放性的发展特性。总之，这一积极的发展最终源自思想政治教育中人的积极的发展。

3. 育人职能

在这一自我发展的进程中，高校的思想政治教育机制作为一种长期的、有效的功能系统，对大学生进行思想政治教育也表现为积极的、发展的、持续的、不断进行着的发展育人职能。大学生思想政治教育不是一种极端论述，不是无法变更或短期教育就能达成教学目标的教育，而是更应该以发展型的方式来提升大学生的思想政治素养，使受思想政治教育的学生可以整体协调发展。所以，从思想政治教育育人的视角来说，这是一个不断变化的进程。除以上所说的基础职能以外，还可以从各个方面来探讨其他的职能与作用，我们将不在此赘述。

二、高校思想政治教育机制创新的客观要求

要在构建适应新形势且符合教育工作内在规律的基础上实现机制创新突破，以此推动大学生思想政治教育工作新局面的形成。高校的思想政治教育工作机制改革创新是实现教学目标的途径与手段系统化、制度化的方式，推动实现整体化、持续性、规范化的目标。在新形势下，要强化和完善高校的思想政治教育工作，必须进行机制创新，这是保证高校思想政治教育工作顺利开展的重要基础和前提。

（一）全球化和知识经济时代发展的客观需要

从当前的国际局势来看，全球化趋势给国家和地区扩展了发展的空间，在全球化的背景下，国家和国家的交往方式、信息技术的传递和更新以及现代社会的价值观和社会运行法则，都为我们的反思开辟了广阔的思路。但由于世界政治竞争的激烈性和国际形势的千变万化，西方国家利用人权、民主、宗教、民族等问题，采取政治、经济和文化手段，以"西化"和"分化"的策略，加强了对我国思想意识形态上的渗透。因此，必须重视大学生的思想政治教育工作创新，防止外来入侵，抵御渗透。随着知识经济的发展，大学的思想政治教育工作必须有持续的创新。在"知识经济""学习型"时代到来的今天，传统的"思想政治教育"模式已经显露出其固有的缺陷。知识经济是当代社会的实践性，尤其是自主性高度发展的结果，因此，我们必须做好相应的思想素养、心理素质、精神能力的准备。在知识经济的发展

过程中,要从提高教育层次、加大教育改革、加大教育培训等途径来促进思想政治教育的发展,特别是信息资源、信息传播方式、思想政治传统和思想政治的碰撞几个层面对思想政治工作的体制产生了新的影响。为此,必须在思想政治教育机制上进行创新,以适应新的发展趋势,推进社会主义市场经济的建设。

(二)社会发展多样化的客观需要

社会市场经济的发展体现在经济成分、组织形式、就业方式、利益关系和分配方式等方面,人们的思想行为也随之越来越具有独立性、选择性、多样性和自主性。

多元化社会发展在培养大学生自强、创新、成才、创业等方面能力的基础上也产生了不可忽略的消极作用。多元化社会发展的形势越来越突出,也给当前大学生思想政治教育带来了新形势下的机遇和挑战。

1. 社会经济成分

随着社会主义市场经济的确立与发展,中国的经济成分已由过去的高度集中、一统天下的单一形式转变为国有、集体、个体、三资企业、股份制等多种形式,呈现出多元化特征,这种变化是根本性的。由于社会、经济因素的多样化,使得大学生的思维方式也变得更加多样化。大学生的思想意识是深受经济因素影响的,社会经济成分的现状和改变对大学生产生了深远的影响,因此,创新思想政治教育机制是社会经济成分多元化发展的需求。

2. 社会组织形式

在改革的紧要关头和社会发展的关键时刻,我国的社会组织经济结构已经由传统的封闭、单一的结构向现代开放、多元化的结构转型,这种急剧改变对高校思想政治教育产生了一定冲击。社会上,许多社会组织迅速崛起,比如,有国营企业、私营企业、合资企业,有青联、学联、作协等各种民间组织,还有各种行业协会、消费者协会等,涉及了生活的各个领域。在高校,学生按照各自的兴趣参加各种社团活动,在社团中培养自己的兴趣,提升自己的综合素质。这种组织形式是学校实施素质培养的一种有力的辅助手段。但是,高校中一些社团由于缺少有效的监管与管理,且学校没有对这些社团负责人进行指导和培训,使得这些社团无法对大学生进行正确的引导。

3. 就业方式

高校毕业生在1977年恢复高考以来,从政府的"单包式就业"向自谋职业、自主创业转型。现在的工作并不意味着一辈子都在相同岗位工作,在一个人的人生经历中,更换几份工作是很常见的。高校毕业生在工作中面临多种形式的雇用行为,使得他们在自主意识等方面都得到了提高。但是,我们也应该注意到父母"望子成龙"和"望女成凤"的风气,大学生对体力劳动的逃避和对安逸生活的不恰当的选择,导致了他们对生活的期望和现实之间还有一定的距离。因此,为了顺应时代发展,大学生必须从思想政治层面积极转变就业观念,调整自身素质。

4. 利益关系

社会经济中各种不同的利益关系的变化,使人们的思想认识、价值观念和思想观念都产生了相应的变化。多元的经济结构利益关系带来的最大影响是:随着独立利益意识的日益强烈,不同的社会团体之间的相互联系也从以往单一的、以国家为主导的利益主体,转变为复杂的、结合不同主体的利益性联系。各种利益集团构成了以人们基本利益为基础的联合,使得人们的思想觉悟、道德水平和精神文化需要都有很大的差别。这一转变在大学生身上所体现出来的就是有人不再掩饰自己对个人利益的追求,也不再掩饰自己的欲望。另外,大部分大学生不会盲从,也有一些大学生不会默默地向社会和大众靠拢。

5. 分配方式

在分配方式上,社会应遵循"以效益为本、以平等为本、以按劳分配与以生产为基础"的原则,使各类生产要素能够在一定程度上流入到市场。大学生就业时面临更加激烈的竞争环境,这也对高校学生思想政治教育机制提出了更高的新要求。

(三) 高等教育事业快速发展的客观需要

随着高等教育的普及,高校的发展迎来了空前的契机,高校逐渐从"精英教育"转变为"大众教育"。但实际情况并不尽如人意,部分高校尚未将思想政治教育放在应有的位置,且教育水平和效果参差不齐,需要进一步规范,这就给大学生的思想政治教育工作带来了新的挑战。

随着高校招生规模的扩大,生源来自不同地域,文化背景和风俗习惯存在较大差别,学生的基本学习情况差距也较大,一些大学录取的学生成绩可能相差200分。有的基础弱的大学生不但没有好好利用大学良好的学习环境勤奋学习,有的还主动地选择了逃避学习。一些大学生在高校中存在着不注重学业的问题,导致了大学教育的目标无法实现,从而影响了教学效果。高校在扩大招生范围的基础上,也放宽了更多的限制条件,如婚否、不同年龄、来自不同国家、不同学历层次的学生也能在学校里生活。那些在父母过度呵护下成长起来的独生子女没有经受过任何的磨难,也没有完全意识到学业对未来的重要性,认为只要具备了某种专业能力,他们就能在未来的市场上获得更好的发展,这就为大学生的思想政治教育工作增加了不少的困难。

随着高校招生规模的不断扩大,高校的思想政治教育工作也随之改变。刚恢复高考时的大学生不需要缴纳学费,也不需要担心毕业后的工作,他们的校园生活是与世隔绝的,对他们进行的思想教育往往是脱离现实的。而当今的高校学生在接受思想政治教育时,往往要考虑自身的利害关系和情势,如高校收费改革、面向社会自主择业、住房医疗改革等。他们不但要评判改革是否合理,还要看他们为此要付出多大的花销,要找到什么样的工作,要租一套什么样的住房,这与过去是截然不同的。如何引导大学生认识到变革的必要性,帮助他们维护自身的权益,从而使得高校大学生的思想政治工作内容更加丰富、广泛、具体、深刻,这就成为大学生思想政治教育的新任务。

高校扩招后，思想政治教育工作环境也随之改变。在网络技术的不断完善下，大学在地理空间、信息交流、观念等方面已逐渐脱离了社会隔离。当前，高校学生的思想政治工作正处在一个开放性的环境里，不同的意识形态和不同的文化之间存在着冲突。教师和学生的思想政治教育既会从书本上、课堂上、会场上接受，又要受社会、外部的各种因素的制约，很容易产生逆向情绪。当前，高校学生的工作面临着更为严峻的形势，这种情况导致了高校的思想政治工作容易虚化、软化，从而对我国的高等教育发展产生不利的影响。为此，要推动我国高等教育协调发展，就需要在大学生思想政治教育机制上进行改革。

三、高校思想政治教育机制创新的基本原则和重要意义

高校思想政治教育机制要想创新，纠正以往高校教育中的一些偏失和不足，加强高校思想政治教育的针对性和实效性，从而实现思想政治教育的良性运行，就必须遵循高校思想政治教育机制创新的基本原则，在此基础上认识其重要意义。

（一）高校思想政治教育机制创新的基本原则

高校思想政治教育机制创新的基本原则关系到机构的理论和实际工作。机制的改革与创新并非完全地否认过去，而是要根据历史的教训，与客观实际相联系，进行自我发展与完善。基于大学高校思想政治教育机制创新的客观需要，必须坚持下列基本原则。

（1）理论性与实践性统一的原则。改革开放后，我国最大的一次社会实践就是对经济运行机制进行改革。各种社会现象和各种思潮都是从这里产生的。这一现象要求大学生进行深入的学习，了解习近平新时代中国特色社会主义思想。"三个代表"重要思想和科学发展观的提出，是对马克思主义基本原理的继承与深化。思想政治教育工作要走出困境，实现创新，就需要有这样的理论作为指导。在实际工作中，为了使这些理论得到有效的发挥，我们必须通过深入教材、课堂和头脑的实际操作，使学生真正了解，并正确地理解和掌握这些理论。其次，要通过一系列的活动把特色理论具体化、具象化。如辅导报告、演讲比赛、知识竞赛、观看影片等，使广大同学的思想得到解放，拥有较强的创造力和较清晰的学习目标，使学习效果更为显著，并表现出政治思想的成熟化。

（2）时代性与实效性统一。任何一项思想政治教育工作都是为特定社会、特定阶级、特定时代服务的，都有其特定的使命和服务目标。在改革开放的早期，传统的意识形态工作方式起到了很好的促进作用，就是因为思想政治教育顺应了当时的时代。在新旧体制和新旧观念的转换中，旧理论已经被新理论和新内容所代替。当前，我国大学以培育高素质的人才为核心，从思想和行为方式的特征出发，充分反映了时代特征和时代要求。在大学生思想政治教育机制创新的过程中，还要重视实践的实效性，避免消极的影响，要根据学生的思想、行为特点，转变以往的教育工作方式，采取多种形式和渠道的方式，提高思想政治教育机制创新的实效，做到以身作则，言传身教。这是一种行之有效的方法，能帮助大学生思想政治教育取得良好的教学成果。实践证明，通过对这些经验的掌握，高校学生的思想政治工作的体制创新将取得明显的效果。

(3) 继承性与创新性统一。加强思想政治教育工作,是我党的一项重要工作。革命和建设取得的一切成绩,都离不开我们的思想政治工作。新时期,我们要继续保持和发扬思想政治教育工作的优良传统。随着我国经济建设的深入,高校思想政治教育工作的环境、对象、主体等都发生了很大的改变,高校思想政治教育工作的改革与创新已经成为时代的必然要求,成为服务大局、服务经济建设的必然要求。创新是一个民族发展的灵魂,是一个民族繁荣的永恒源泉。实际上,创新既是任何理论都具有持久活力的重要标志,同时也是优秀传统得以继续的一种内部驱动力。高校思想政治工作机制也不能免俗,唯有不断完善与创新,才能使其更具活力。

(4) 真理性与价值性统一。在我国的发展史上,意识形态工作、思想政治教育有着举足轻重的地位。我们仍然需要继续保持这些珍贵的经验和理论基础。但是,在新时期的新形势下,思想政治工作的弊端也随之显现。在新的历史条件下,我们必须不断地加强和创新机制,不断地完善和提高思想政治教育工作的真实性,使之能够真正地以理服人、以情感人、以理导人;同时,要加强思想政治教育中的"人性建构"的内涵,充分认识和展现大学生的"社会道德""人生信念""理想信念"的新特征,并激发和引导这些追求的正确发展。

(5) 系统性与开放性统一。目前我国大学生的思想政治教育工作还处于一种"经验主义""自我封闭"的状态。注重机制创新建设,即把实践活动转化为经验,从而丰富和发展思想政治教育工作的理论体系。坚持开放性,即要学习和运用古今中外相关的理论、制度和方法,吸取学科研究成果,并根据大学生的思想实际,创新出符合当前中国国情和新任务、新需要的思想政治教育工作理论和方法。

(二) 高校思想政治教育机制创新的重要意义

高校思想政治教育机制改革可以全面落实科学发展观、人才强国战略,可以保障国家未来走上发展新征程,能推动实现中华民族伟大复兴的宏伟目标,全面建成小康社会,加快推进社会主义现代化,在构建和谐社会中具有重大而深远的战略意义。

就理论而言,对高校的思想政治教育机制创新工作具有以下优点:可以为广大师生提供理论资源,拓宽理论依据,充实和发展学生们的理念知识和自主学习能力,尤其是对知识内容研究方面的帮助,为其填补实践中的种种不足。高校思想政治教育包含道德与政治两方面,但由于特定的社会历史背景,人们曾因政治认识偏窄而产生对政治问题的成见。在这样的大环境中,虽然国家和政府都很关注,但高校思想政治教育理论在实践中却显得较为脆弱,导致常常被忽视;而在现实中,由于缺少对其机制的建构和理论的探讨,使得其与实际存在着脱节。所以,创新大学的思想政治工作机制是理论上创新的篇章。同时,通过完善大学生的思想政治教育工作,为大学生思想政治和道德教育的发展创造一个良好的实践环境。新时代下的新形势要求对我国大学生的思想政治教育机制进行深入的探讨,并让创新机制在大学生思想政治教育整体工作中起到现实指导作用。

第一,通过创新高校思想政治教育机制,可以促进学生德、智、体、美全面的发展,使其成为国家、民族所需要的栋梁之材。现代社会开放而多元,社会的发展要求大学生应是既有素质又有能力的社会精英。当今世界是经济、法治、政治三方面全面发展的社会,公民的政治素养对于建设和谐社会具有举足轻重的作用。大学的思想政治教育工作机制就是在普遍道德教化的前提下,通过对各种因素的综合和优化,从而构建起一套行之有效的实践体系来提升大学生的思想和能力。

第二,创新思想政治教育体制有助于增强大学生思想政治工作的针对性、有效性,纠正过去存在的偏差和不足。要把思想道德和政治价值观放在第一位,提高人才的素质,为改革开放和社会主义现代化建设提供合格的建设者,保证中国特色社会主义事业兴旺发达,后继有人。这对于全面实施科教兴国、人才强国战略,保障国家在全球经济发展中立于不败之地,实现中华民族伟大复兴,全面建成小康社会,尽快实现社会主义现代化的宏伟目标、构建和谐社会,都具有重大而深远的战略性意义。

第三,结合改革开放的实际情况,高校的思想政治教育体制改革有利于协调社会关系,化解矛盾,促进改革开放。进入 21 世纪,随着我国经济体制的进一步发展及社会转型的加快,中外文化、传统与现代价值观的碰撞与融合,大学生的思想价值观发生了深刻的转变,加之教育收费、扩招的消极效应和就业压力等原因,以及大学生和社会中的某些新的矛盾和冲突,使大学教育中出现了不安定的因素。高校思想政治教育是高校教育的重要内容,是高校教育工作的一个重要环节。同时,它还有助于缓解社会矛盾,促进社会和谐,为社会主义建设创造一个和谐的社会生活环境。

第二节　大学生思想政治教育的合力育人机制构建

"合力育人"是指高校思想政治工作体系中的各环节共同朝着既定的教育目的和教学方向而奋斗。大学合力育人的制度建设可以概括为教书育人、管理育人、服务育人[1]。

一、创新教书育人方式

要想实现教书育人方式的创新,必须从教学内容、教学方法等方面进行改革。事实表明,在教育过程中,学生的主体性在很大程度上决定着教育成果。在教学活动中,没有人的积极参与和自觉实践,就不可能取得良好的教学成效。为此,教师要具备创造性的、开拓进取的精神,以全新的教育方法引导学生思考思想政治教育的必要性和重要性。在课堂上,教师应力求使学生能充分地投入和交流。

另外要加强教师之间的协作,以实现资源的共享。教育工作者是独立的个体,无论受过多少教育,有多么渊博的学识,都难免会有一些自身的限制。因此,不同高校或同一高校不同的教师要加强信息的交流和沟通,打通联络和学习渠道,利用茶话会、正式会议、网络平台等实现资源的共享,真正做到"百家争鸣,百花齐放"。

---

[1] 王金利.大学生思想政治教育合力论[D].天津:天津师范大学,2007.

二、健全管理育人机制

所谓管理育人,是指针对学校管理者的日常管理活动,对学生积极地进行德育教育,促进学生道德品质形成的一种活动。目前,管理育人是大学生思想政治教育的重要途径之一,正确、合理地运用这种方法,对于大学生思想政治教育具有十分重要的意义。其重要的步骤和要求如下。

第一,加强思想政治工作的领导与组织机制建设。做好大学生的思想政治教育工作,必须得到学校领导给予的高度重视,只有充分认识到这一点,才能制订出周密的工作计划和制度体系,从而更好地贯彻落实机制,使其在各个高校中取得更大的发展。因此,高校领导要本着"以德为本、以人为本"的教学目标,积极引导教师进行思想政治教育工作。一是要积极参加各项重要的思想和政策的制定;二是要把学校的各项政策全面贯彻下去;三是要强化思想政治教育工作的队伍,利用学生会、工会、共青团等思想政治工作机构开展思想工作,掌握师生的思想动向。

第二,加强与高校学生思想政治工作相关的各项管理机制的规范化建设。完善的管理体制是高校教育事业的重要保证。学校的主要责任是要制定和完善教学管理、学生日常管理、行政管理等各项管理制度。有了制度之后,就必须遵守制度,严格按照管理机制执行。对大学生的学习、生活等方面进行规范,并制定相关的惩罚措施,促使其自觉、严格遵循国家有关法律法规和社会道德,形成良好的行为习惯。

第三,加强校园学生工作平台间的联系沟通,促成平台体系的建成。一般高校都有学生工作处、团委、党团组织、学生会、社团等为学生工作和服务的机构和学生自治组织,它们职责不一,影响各异,但它们共同拥有一个特殊的使命,即为加强大学生思想政治教育工作而努力。因此,高校既要发挥这些平台各自的优势,尽其所长,取长补短,也要促进它们之间的沟通和配合,唯有双管齐下,方能见到实效。

第四,设立专门的网络管理机构和设置专业的网络健康监管人员,对校园公共网络平台加强监督和管理。一旦发现有人传播对校园文化健康有害的言论和内容等,要追根溯源,对相关人员加以惩戒,只有这样,才有可能肃清校园网络环境,还校园网络一片净土。

三、完善服务育人机制

服务育人是指学校在为学生提供优质教育的基础上,在思想上对其进行有意识的、积极的教育。健全高校的服务和培养体制就要把高校的思想政治工作与高校的日常工作结合起来。学校食堂、图书馆、教学楼、寝室等都是大学生的日常活动场所,所以,必须强化对这些环境和区域的思想政治教育意识渗透,使大学生在一定程度上获得良好的心理环境熏陶。另外,要把"为大学生提供高质量的服务"与大学生的思想政治教育工作相结合,从小处着手,真正在一言一行中关怀学生的学习和生活;教育者要以不断提升自己的工作水准为目标,以"一切为了学生"为宗旨,积极关注学生,深刻理解他们的需求,并在他们的生活、学业中为他们提供各类现实问题的解决办法;在为学生服务的同时,要把握好这个机会,进行系统性、针对性的教育,针对每个人的个性特点进行思想政治教育,制定有针对性的教学内容,从而逐渐地提升他们的思想品德素质。

第三节　互联网思维与大学生思想政治教育机制创新

大学生的思想政治教育工作渗透到学校工作的方方面面,构成了一个巨大的系统,而思想政治教育工作的机制正是其有效的调控手段,对思想政治教育的有序开展、任务落实和目标达成都十分重要。高校学生的思想政治教育工作机制要适应时代和形势的发展,就必须在实践中不断地进行改革和发展,以促进教育目的落实。在互联网技术的高速发展背景下,思想政治教育工作正经受考验,对新形势下的大学生思想政治教育发展环境做出适应互联网思维的创新探索,是优化大学生思想政治教育工作并取得大学生思想政治教育自觉与主动性的客观要求。

"网络思维"是大学互联网的重要组成部分,它的核心观点是"以人为中心",强调个人的"网络意识"。这种观念需要突破传统思想政治教育单一的教学观念,确立"双主体"观念;它需要将高校的思想和教学资源进行综合,从而形成可持续的、科学化的教学方式;这是一种科技思维,它需要运用互联网科技手段来提升大学的思想政治教育教学效果;这是一个新的思路,它需要开辟新的领域,占领新的阵地,运用新的手段。在大学生的思想政治教育工作中引入互联网思维,必然导致整个思想政治教育工作的运作模式发生变化,从而促进思想政治教育机制的创新与发展。要积极建立健全高校思想政治教育的资源集成与开发机制,形成"网络—教室—实习"的教学保障机制、联动管理与协同调节机制、效能导向的激励与评价机制等,是运用网络思维创新高等学校思想政治教育机制的重要内容。

一、高校思想政治教育产出与资源整合

互联网产品是互联网思维的具象性,把互联网思维与高校的思想政治教育教学相结合,必须树立"教育产品"观念,并主动开发和产出具有吸引力和感染力的"产品",以适应大学生思想政治的发展需要。个人的思想建设主要有理智与情感两大影响因素。长期以来,大学把经过严密的逻辑思考后所塑造的合理思想观念当作"灌输"年轻大学生的思想政治教育重要内容,这些观念固然具有深刻而科学的优越性,但由于其理性的表现方式过于抽象、乏味,很难引起人们的广泛认同。而在互联网时代,"透过情感的思想认知方式进行的资讯交流,借由影像文化,感觉、知觉、表象等感官的思维方式,更容易传达、了解、交流,容易被大众所接纳"。[1]中华传统文化的博大精深,革命文化的丰富鲜活,社会主义优秀文化的创新,大学生思想政治教育可以充分利用这些优势,把理性和感性的教育相结合,大幅提升大学思想政治教育的时代性和生动性。

---

[1] 刘少杰. 当代中国意识形态变迁[M]. 北京:中央编译局,2012:43.

一些科普短片,以生动的画风、诙谐的语言和清晰的说理而深受好评。一些网上的传媒还对中央官方所做的各种漫画图集、歌曲、视频等进行了阐释,这种阐释方式也是生动活泼的。许多教师把它用于教学,并收到了良好的效果。这种产出深受广大师生的欢迎,并带来了良好的教学成效,与互联网产品简约、生动、极致、注重用户体验的特性相契合,对于我们将学校的思想政治教育资源进行有效融合,并发展出更好的"教育产品"具有重大意义。怎样使优秀的思想政治教育产品不断涌现、适应教学工作的要求?可以通过网络技术和互联网思维,及时提供音乐、视频、音频等多种个性化思政教育产品,提升思想政治教育的成效和传播速度。要确立"思想政治教育资源"观念,加强思政教育的发展,一方面要让广大的思想政治教育工作者努力搜集、整理和充分使用现有的网络资源;另一方面,要积极引导有特长的教师组成校内外的创意队伍,结合本校和区域思政教学的优势,有目标地发展具有互联网思维特点的思想政治教学,同时要形成一个标准化的资源集成与发展流程,实现教育资源的共享和使用,促进思想政治教学的推广和应用。另外,可以通过吸纳社会企业的资金和技术优势,加强学校与企业的协作,提高教学成果的产出。对受教育者而言,要强化大学生现代化教育和网络技术训练,培养一批精通网络技术的专业人才;建立大学生思想政治理论课程的网络平台,实现"数字资源"的分享,促进"网络课堂"的使用和思想政治教育效果的呈现。

二、一体化教学保障机制

一体化教学保障机制是结合网络、课题、实践的思想政治教育机制,是目前高校思想政治理论课在内容、方式等方面不断革新的一种创新发展。《新时代高校思想政治理论课教学工作基本要求》和《普通高校思想政治理论课建设体系创新计划》等国家的重要指示精神给予了思想政治教育机制创新充分的支持。该教学机制根据高校的教学特点和教学规律,充分发挥学校、社会、自我教育三大职能,把高校的教学分为网络教学、理论教学和实习教学三大部分。通过理论认知、实践体验和网上平台的交互作用,实现了由感性认识到理性认识、由实践体验到理论认识、再到信仰建构的教育模型[1]。与传统的教育方式相比,其教育途径、手段、自主性、参与性和发言权都得到了增强。"主体性"得到了凸显是将互联网思维纳入大学生思想工作并适应大学生思想特征的一种实践成果。

如何保证网络、课堂、实践三者在教学中发挥作用,实现"1+1+1>3"的有效作用?针对这一问题,应主动探讨建立互联网、课堂、社会实践一体化的综合教学保证体系机制。机制创新的两大保证因素是人员和资金的供给。从"人"的视角出发,整合一体式的教育机制要求关注以思政者为核心的课程管理的主体性。网络教育、课堂教育和实践教育是相互补充、相互促进、有机统一的。若各自独立或相互抵触,就会使各个部分及教育本身得不偿失。在实施一体化教育保障机制的过程中,教师既要成为网络平台的构建者,又要承担教育

---

[1] 刘薇. 高校思想政治理论课"网络—课堂—实践"一体化教学体系构建研究[M]. 北京:中国纺织出版社,2019:41.

的内容，还要承担起教育工作的策划、指导和组织的作用。只有这样，我们才能从"大思政"这一系统工程的观点出发，按照课时安排、学生需求和教学逻辑，在协调应用中提高思想政治教育的实效性。若思政教师仅在教室里讲课，而把网络讲义交由个别网络课程的开发人员及维护人员，把思想政治教育工作全权交由学校管理，就很难达到网络、教室、实践一体化发展的效果。由思政教师牵头，并不是说一切工作都要由思政教师来做，而是要突出思想政治教育者在整个过程中的领导作用，他们需要承担系统的设计、组织和实施，还要辅助和推动各有关工作部门和队伍协调配合，让教育教学有机统一推进，这也是贯彻全员、全过程、全方位育人的高校思想政治教育工作要求。从"经费"的观点来考虑，建立网络、课堂、实践的统一资金管理和运用标准，是实现整合一体式教育的关键。整合一体式的办学方式和机制突破了过去的传统思维方式。首先，要顺应新形势，结合现行的财务制度，指导校、院职能部门对统一的教学资金支出进行思维和方法的改革，实现独立核算，专款专用；其次，积极采取学校划拨、学生自筹、其他资助等方式的筹资战略，确保资金的供给；最后，要根据教育整合的原则和特征，结合学校的资金情况，制定科学的资金保证体系，实现科学管理及高效运作，增强一体化整合的效果。

三、联动管理与协同调节机制

在互联网思维影响下，高校思想政治教育形成联动管理与协同调节机制是网络思维由"工具思维"向"系统化思考"的提升，这就需要对大学生进行互联网思维的培养。大学生思想政治教育互联网运用首先从技术的层次入手，具体表现为教育资源、教育手段和教育方法的信息化。在高校学生的日常思想政治教育工作中，主要表现在：基于互联网高速发展的社会环境下，个体与团体之间的紧密联系，使得广泛、便捷、低成本的网络合作得以实现，不仅能够提升教学的日常工作效率，还可以利用政府机构、用人单位、社会组织、校友等外部资源，为大学生提供一个发展成才的新平台。但是，由于网络的出现和发展以及它所携带的巨大的意识形态作用，给传统大学的思想政治教育工作带来了巨大的冲击。长期以来，我国的高校思想政治教育工作都是由思政课的教育者与受教育者组成的，其教学对象相对单一，教学氛围相对封闭，所以从上到下进行内部的管理和调控是其重要的运行手段。在全球一体化的信息技术和互联网技术发展中，大学生的思想政治教育滞后现象日益突出，传统的思想政治教育工作机制被瓦解，面对开放、多元、急速发展的新世界，创新高校思想政治教育联动管理与协同调节机制，事关高校思想政治教育工作，因而，组织机构科学运行和有效管理十分重要。

在加强和改善校、院两级工作的同时，进一步推动校与校的合作，也是新时期高校的一项重要任务。同时，由于各部门、各环节之间存在着相互联系、相互协调、相互渗透的关系，需要建立起有效、顺畅的协同控制系统，有效地利用内外的资源，形成一种强有力的凝聚力。合作调节的对象包括校内和校外的关系、校内外实习、网络和网络思想政治教学的整合。在新的时代背景下，运用互联网思维建立联动管理和协调调控的方法，是当前大学生思想政治工作改革的重点和契机，对促进青少年健康发展起到了积极作用。

四、效能导向的激励与评价机制

互联网思维的关键在于"以人为本",将其运用到大学生思想政治教育之中,就必须确立以人为本的教育观念。但是,以学生为本,并不是为了满足学生的需要,而是应该充分了解学生,了解学生的实际情况,运用与学生自身发展相适应的思想政治教育方式和教育机制,从而矫正学生心理上的不良倾向,使其得到良好的发展。所以,运用互联网思维对高校思想政治教育机制进行创新,不仅要深入了解大学生的群体特征、话语体系和接受心理,还要加强对受教育者网络技术、互联网媒介素养等现代教育技术的培训,并将其运用到高校的思想政治教育工作中。除此以外,教育者还需要掌握政治、历史、法律、心理学、社会学等多方面的综合素质,以情动人,以理服人。很明显,高校对大学生的要求和严苛程度是众所周知的。要想有效地解决大学生的发展问题,就必须在大学形成主动探索、以效率为导向的激励和评估机制,只有大学生思想政治教育机制进行创新,焕发整体活力,才能使整个思想政治教育工作焕然一新。

基于效率的激励和考核主要考虑以下三方面。

第一,充分运用网络技术和互联网资源,通过线下课堂和线上网络教学的有机衔接,持续加强对大学生的教育和培养,做到高层次、广覆盖、常态化、规范化。教育训练的主要任务为:一是加强思想政治教育工作,二是提高专业技术水平。唯有思想政治教育工作者在观念上坚定地确立"培育具有伟大历史责任的新生力量""培育具有德智体美劳综合发展的社会主义建设者和继承者"的责任与任务,对党中央的重要理论和热点问题有正确的理解,具备过硬的业务技能,才能言传身教,践行思政人的使命与担当。

第二,要构建与网络环境相适应的职称评审制度和职务晋升机制。高点击、高流量、高影响的网络优秀论点和文章要纳入思想政治教育科学研究的统计中;高校思想政治教育工作者在网络社会中,要主动传播正能量,坚持长期正确的舆论导向,利用互联网平台如微博、微信公众号等形成正确的思想政治舆论,要对思想政治教育的负责人和团队进行实际工作量的计算和实绩的确认;鼓励擅长网络思想政治教育的教师充分利用互联网的优势积极开展网上思想政治工作。

第三,注重以教师的教学评估为导向,建立起多元的激励与评估机制。由于思想政治教育独特的社会性教育作用,使其在教育界的位置上显得尤为重要。完成思想政治教育机制创新要做到以下几点:一是转变以往只注重教研、轻教学的评价导向,并运用好网络技术,构建线上与线下、学生与教学监督委员会广泛参与的、立体而全面的教学评价体系,转变传统的重教研、轻教学的评价导向;二是要建立教学奖惩机制,开展多水平教学竞赛,促进学生的相互交流和学习,形成重视教学、肯定教学的良好风气;三是落实对教师的薪酬奖励,把教师的工作补贴、课时补贴等列入学校的内部配置制度,"教师工作量、课酬计算与其他专业教师相一致,其实际平均收入不低于本校教师的平均水平"[1]。

---

[1] 蔡立斌.论应用型本科高校思想政治教育机制创新[J].学校党建与思想教育,2019(12):69-71.

近年来,我国更加关注大学生思想政治教育,以领导讲话、召开工作会议、召开教师座谈会、制定及颁布新政策文件等多种形式,指导并监督高校思想政治教育工作开创新局面、迎接新挑战。"互联网是思想政治教育面临的'最大变量'"[1]。以网络为基础,探讨大学生的思想政治教育相关问题,是当前大学生的思想政治教育机制创新需要不断跟进的一个重大课题。要真正提高大学生的思想政治教育的时效性,必须构建适应时代发展的、行之有效的、科学的思想政治教育机制,使其制度化、规范化、科学化。

---

[1] 冯刚.互联网思维与思想政治教育创新发展[J].学校党建与思想政治教育,2018(2):4-8.

参 考 文 献

[1] 陈冬颖. 文化多元下高校思政教学改革探索 [J]. 品位·经典, 2021(24): 120-152.

[2] 李月桥. 优秀传统文化融入高校思想政治教育对策研究 [D]. 天津: 天津理工大学, 2017.

[3] 刘奕君. 新媒体时代高校思政教育的挑战及对策 [J]. 中国报业, 2021 (24): 86-87.

[4] 罗平. 新时代大学生思想政治教育内驱力研究 [D]. 成都: 四川师范大学, 2022.

[5] 马邯生. 大学生思想政治教育创新路径研究 [J]. 邯郸职业技术学院学报, 2022, 35 (4): 70-75.

[6] 桑江. 当代大学生思想政治教育创新策略 [J]. 中学政治教学参考, 2022 (33): 92.

[7] 孙璐杨, 伍志燕. 智媒体时代大学生思想政治教育的特征、挑战与对策 [J]. 黑龙江高教研究, 2022, 40 (8): 117-123.

[8] 孙秀伟, 陈晓庆. 论大学生思想政治教育创新发展的着力点 [J]. 黑龙江高教研究, 2022, 40 (10): 143-148.

[9] 童晗. 新时代大学生思想政治教育存在的问题及对策研究 [D]. 遵义: 遵义医科大学, 2019.

[10] 王会. 新时代大学生思想政治教育理念创新研究 [D]. 徐州: 江苏师范大学, 2018.

[11] 王建敏. 新时代思想政治教育的特征及实现路径 [J]. 马克思主义与现实, 2018 (5): 165-170.

[12] 王兴浩. 积极心理学在大学生思想政治教育中的应用路径研究 [D]. 大连: 大连海洋大学, 2022.

[13] 王巧珍. 大学生思想政治教育协同育人路径研究 [D]. 吉林: 东北电力大学, 2022.

[14] 王调江. 大数据平台建设对高校思想政治教育管理体系的作用研究 [J]. 创新创业理论研究与实践, 2021, 4 (24): 155-157.

[15] 吴琼. 新时代思想政治教育话语发展新思路 [J]. 学校党建与思想教育, 2019 (1): 19-22.

[16] 杨美欣. 共享发展理念融入大学生思想政治教育的实践路径研究 [D]. 长春: 长春师范大学, 2022.

[17] 于鸿君. 坚持中国特色社会主义道路是创造人民美好生活的必由之路 [J]. 中国党政干部论坛, 2019 (11): 30-33.

[18] 于奕. 新媒体环境下大学生思想政治教育创新路径研究 [J]. 新闻研究导刊, 2023, 14 (6): 53-56.

[19] 杨晓红. 中华优秀家风融入大学生思想政治教育研究 [D]. 哈尔滨: 哈尔滨师范大学, 2022.

[20] 朱浩, 万思贤. 习近平以人民为中心话语特质对高校思想政治教育话语建设的启示 [J]. 商丘师范学院学报, 2022, 38 (1): 42-46.

[21] 钟家伟. 大数据时代大学生思想政治教育方法创新研究 [D]. 牡丹江: 牡丹江师范学院, 2022.

[22] 张楠. 大数据与大学生思想政治教育创新研究 [J]. 林区教学, 2023 (2): 10-13.